Elisabeth Malcolm
Alle Bilder, die ich sehe

Elisabeth Malcolm

# Alle Bilder, die ich sehe

Ein Mädchen hilft einem Blinden

Herder Freiburg · Basel · Wien

Jubiläumsausgabe 1987

Die 1. Auflage erschien 1968 unter dem Titel
*Der bedrohte Mond*

Ausstattung: Zembsch' Werkstatt, München

Dritte Auflage

Alle Rechte vorbehalten – Printed in Germany
© Verlag Herder Freiburg im Breisgau 1976
Herstellung: Freiburger Graphische Betriebe 1987
ISBN 3-451-20913-6

Eine Familie, dachte Ursula, eine Familie, was ist das eigentlich? Ist es das, daß man gemeinsam in einer Wohnung wohnt, gemeinsam in diesem Auto sitzt und in den Sonntag hineinfährt? Sind die anderen in der Familie wirklich so unaustauschbar, wie viele meinen? War sie selber so unbedingt dazu notwendig? Konnte sie einen anderen Mann nicht genauso liebhaben wie Vater, eine andere Frau wie Mutter, ein anderes Mädchen wie ihre Schwester? War das, was das Familienleben ausmachte, wirklich nur mit ihren Eltern, ihrer Schwester und dem Großvater möglich? Hätte sie, wenn Vater sich ein bißchen allzusehr von Mutter herumkommandieren ließ, was beide nicht merkten — Mutter nicht, daß sie kommandierte, Vater nicht, daß er es sich gefallen ließ —, hätte sie bei solch einer Gelegenheit nicht gern ein anderes Elternpaar an die Stelle des ihren gesetzt? Wunscheltern? Traumeltern? — Einen Vater, der nicht nur genug verdiente, sondern auch Zeit hatte. Nicht einmal so sehr einen berühmten, aber doch einen gutbezahlten Vater, der anderen etwas zu sagen hatte und der von Mutter und auch von ihr selbst angehimmelt wurde. Ein Mann, der ein wenig Sport trieb und auf sein Äußeres achtete. Nicht zu viel natürlich, aber auf keinen Fall zu wenig. Einen Vater, der von keinem anderen Vater ausgestochen werden konnte, selbst bei schärfster Kritik nicht. Die Mutter hätte sich dann zu diesem Vater wie von selbst ergeben, sie wäre zwischen fünf und zehn Jahren jünger als er gewesen und nicht anderthalb Jahre älter. Es würde ihr nicht einfallen, ihn kommandieren zu wollen, sondern sie würde ihm höchstens einen Rat erteilen. Im übrigen würde sie blind auf seine Fähigkeiten vertrauen, auf seine Liebe ebenso wie auf seine Treue, es gäbe keine Eifersuchtsszenen und Auseinandersetzungen über Hauswirtschaftsführung, und Brigitte, ihre jüngere Schwester, müßte nicht kalkweiß und zittrig werden, wenn es im trauten Schoß der Familie wieder einmal blitzte und donnerte.

Sie sah zu ihrer Schwester hinüber, die sich in die rechte Ecke gedrückt hatte, das Gesicht dicht an der Scheibe, und die vorüberflitzende Landschaft mit ihren Träumen besiedelte. Ein kleines, zartes Ding war sie noch, fast zu klein und schmal für ihr Alter, ernster, als sie selbst in jenen Jahren gewesen, wohl auch noch kindlicher. Gewiß, sie wußte schon, daß nicht der Storch die Kinder brachte und daß nicht das Christkind durch das Fenster flog. Sie hatte diese Tatsachen zur Kenntnis genommen und schien sie vergessen zu haben.

Nein, gegen ihre Schwester wollte sie kein anderes Mädchen eintauschen. Ihre Schwester war so, wie sie sich eine jüngere Schwester wünschte. Manchmal, wenn sie schon in den Betten lagen und miteinander plauderten, kam sie sich richtig erwachsen vor gegenüber der kleineren Schwester. Wie ein Mensch, der schon seinen Teil im Leben mitgemacht hatte, seine Enttäuschungen erfahren, seine Erschütterungen erlebt und selber auch ein bißchen Gemeinheit unter die Menschen gebracht hatte.

Möglich, dachte sie, daß Brigitte jetzt hofft, einen Hasen davonhoppeln, ein Reh aus dem Wald treten, einen Fasan vom Wiesenrand flüchten zu sehen. Für Brigitte waren das große Erlebnisse. Wie vor wenigen Tagen der Igel vorm Haus, und vor Wochen der heruntergefallene nackte Spatz mit dem gelben Rand um den Schnabel, der dann in einem Schuhkarton jämmerlich starb.

Vorne sagte Mutter: »Den Wagen hättest du jetzt beinahe gestreift.«

»Ich habe ihn aber nicht gestreift«, entgegnete der Vater, und noch lag ein Ton von Entschuldigung, eine Spur von Nachgeben in seiner Stimme.

»Es hat nicht viel gefehlt.«

»Das ist doch gleichgültig, ich habe ihn nicht gestreift.«

»Immerhin hast du deine Frau und deine Kinder im Wagen.«

»Und ich habe ihn nicht gestreift!« wurde jetzt Vater scharf. »Glaubst du, ich will absichtlich einen Wagen streifen?«

»Es hätte genügt, wenn du ihn unabsichtlich gestreift hättest.«

»Ach, wie ist der Sonntag schön!« mußte sie, Ursula, nun sagen. Sie konnte sich nicht zurückhalten, sie sah, wie sich Brigitte zusammenkrümmte, wie sie unruhig wurde.

»Du da hinten sei ruhig!« riefen die Eltern gleichzeitig wie in einem gesprochenen Duett. Und das hatte sie gewollt. Es war Taktik gewesen. Durch ein gutes Wort waren die Eltern nicht zu vereinen, nur durch eine Frechheit, dann hatten sie plötzlich eine gemeinsame Angriffsfläche, und die Gefahr eines Krachs war abgewendet.

»Dort ist eine Hühnerfarm!« rief nun Brigitte, auch bemüht, wieder Sonnenschein einkehren zu lassen. »Lauter weiße Hühner. Mehr als hundert. — Ich kann die roten Kämme sehen. — Und sie sind hübsch im grünen Gras . . .« Brigittes Stimme versickerte, sie erfuhr keine staunende Zustimmung, keine Ablehnung. Mein Gott, hundert weiße Hühner mit roten Kämmen im grünen Gras, man war nicht deswegen ausgefahren.

Eigentlich spricht sie viele solche Monologe in unserer Familie, dachte Ursula. Und sie dachte: Ich könnte auch etwas dazu sagen. Aber was sagte man zu hundert weißen Hühnern? Fragte man, ob sie viele Eier legen? Oder fand man nur beiläufig, daß es wirklich ein hübsches Bild sei? Natürlich hatte sie die weißen Hühner gesehen, aber war das tatsächlich so bemerkenswert, daß man darüber sprach? Waren hundert weiße Hühner ein Mittel gegen die Langeweile, die sie verspürte, gegen die Einsamkeit, die sie fühlte? Denn den ganzen Sonntag würde sie einsam sein, mitten in ihrer Familie, ja, sogar neben ihrer jüngeren Schwester. Was nützte ein Gespräch über Banalitäten mit Vater und Mutter, eines über alles Getier in Wald und Feld mit der Schwester, wenn sie doch nicht dort sein konnte, wo sie eigentlich sein wollte, wo sie im Augenblick zumindest hingehörte, zu Ilse, Marie und natürlich auch zu Bert, Klaus und Thomas.

Zu Thomas vor allem.

Arme, kleine Brigitte, sie konnte sich sicherlich noch nichts anderes vorstellen, als mit Vater, Mutter und Schwester am Sonntag hinauszufahren, irgendwo im Freien zu picknicken oder in einem Restaurant zu essen, je nach dem Kassenstand der Eltern. Sie wußte nicht, wie aufregend es war, mit Thomas ein Espresso zu betreten, in einem Boot zu sitzen, weitab von den anderen.

War sie, Ursula, jemals so unschuldig, so kindlich wie Brigitte gewesen? Hatte sie in einer derart verzauberten, leicht verschobenen, ja, vielleicht sogar leicht verrückten, verschwimmenden Welt gelebt wie ihre Schwester? Wäre es ihr eingefallen, am Fenster zu stehen, die junge Sichel des Mondes zu betrachten, an die sich eine schwarze Wolkenwand heranschob, und zu sagen: »Der Mond ist bedroht.« — Nein, das wäre ihr nie eingefallen. Und doch mußte sie denken, daß Brigitte selbst die schmale Mondsichel war, so schmal wie eine rasierte Augenbraue, und daß die aufziehende

Wolkenwand, das Leben, die Welt, sie bedrohte. Und vielleicht hatte Brigitte das selber empfunden, sonst hätte sie es nicht gesagt. — War das möglich?

Vater bog nun links in einen geschotterten Weg ein, den sie ihren Weg nannten, er endete in einem aufgelassenen, schon wieder bewachsenen Steinbruch, ihrem Steinbruch. Dort konnte der Wagen gut im Schatten stehen, was wichtig war, während sie selbst im Schatten einiger Kiefern Decken ausbreiteten, Betten aufklappten, den Tisch und die Stühle dazu, um einen ganzen langweiligen Sonntag zu verbringen.

Vater würde am Vormittag immer fragen, ob sie nicht schon Hunger hätten, bis er endlich Würste über der Holzkohlenglut grillen durfte wie ein kleiner Junge. Und sie alle müßten dann die rußigen Würste herrlich finden. Mutter würde in Illustrierten blättern und, von der Hitze geplagt, ein wenig schlafen.

Brigitte würde eintauchen in eine Zeit, die nicht mehr Wirklichkeit war, sondern, hinabgesunken ins Dunkel der Vergangenheit, als Schwemmgut der Ewigkeit Versteinerungen zurückgelassen hatte. Sie würde auf die Suche gehen nach dem Rückgrat von Fischen, der Wölbung von Muschelschalen, der runden Schönheit der Ammonshörner.

Zwischen vier und sechs Uhr nachmittags ging es dann wieder nach Hause, hinein in den immer dichter werdenden Verkehr, in die Kolonne der Ameisen, die in den großen Steinhaufen zurückkehrte . . .

Als sie aber oben an ihrem Steinbruch waren, erlebten sie eine Überraschung. Ihr Lagerplatz war schon besetzt. Zwei Autos standen im Schatten und ließen keinem dritten mehr Platz. Zwei Familien wie sie selber hatten sich bereits breitgemacht, demonstrierten ihre Anwesenheit nicht nur körperlich, sondern auch akustisch mit Transistorradios, und als

Vater hielt, starrten sie alle, einschließlich der Kinder, feindlich herüber. Steinzeitmenschen, bereit, ihre Höhle zu verteidigen und jeden anderen aus dem Revier, das nun das ihre war, wenn nötig mit Gewalt zu verdrängen.

Kurze Beratung zwischen den Eltern.

Dann der Vater: »Ich hab' ja gesagt, daß wir lieber um sechs aufstehen sollten. Aber du kannst nicht vor sieben aus dem Bett!«

»Vielleicht fahren wir nächstens schon in der Nacht hinaus«, gab die Mutter zurück.

»Dadurch waren wir die ganze Zeit schon im starken Verkehr und kamen nicht mehr so schnell vorwärts.«

»Worauf wartest du noch, willst du hier so lange stehen, bis die uns auslachen?«

Und Brigitte in ihrer Ecke, rechts von Ursula, zog sich wieder zusammen wie ein Regenwurm, der berührt wird, krümmte sich und litt schutzlos unter dem Streit.

»Fahren wir doch!« rief nun Ursula.

»Wohin?« fragte der Vater ratlos.

»Zunächst einmal weg von hier.«

Der Vater fuhr noch einige Meter vor, was die Männer dazu trieb, sich von ihren Campingstühlen zu erheben, schlug das Lenkrad rechts ein, fuhr zurück, schlug links ein und fuhr nun in die Gegenrichtung.

Die Männer setzten sich wieder. Sie hatten ihre Stellung verteidigt. Ihre Frauen, ihre Kinder konnten zufrieden mit ihnen sein. Sie hatten gezeigt, daß sie keine Waschlappen waren.

Aber Vater wollte auch keiner sein. »Hast du gesehen«, fragte er, »wie die aufgestanden sind, als ich noch die paar Meter direkt auf sie zufuhr? Als ob ich das nicht dürfte. Als ob das ihr Platz wäre und wir kein Recht hätten, uns da aufzuhalten.«

»Mich interessiert, wo wir jetzt hinfahren«, sagte die Mutter monoton und etwas leidend.

Vater schlug einen winzigen See in der Nähe vor, den Ursula nicht kannte. Er war als Kind öfter dort gewesen, mit Bekannten, man konnte angeblich dort Boot fahren. Und ein schönes Restaurant befand sich am Ufer, mit einer Terrasse, die auf Pfählen gründete und in das Wasser hineinragte. »Da könnten wir von der Terrasse aus die Fische füttern«, begann er zu schwärmen. »Das tat ich früher oft. Es ist schön. Ihr werdet sehen!«

Aber entweder war es ein anderer See, den er dann fand, oder die Landschaft hatte sich in den Jahren seit seiner Jugend sehr zu ihrem Nachteil verändert. Mehr als ein Sumpfwasser war das nicht, das sie antrafen. Und die Brandruine, von Brennesseln umwuchert, war nicht der richtige Ersatz für ein Restaurant mit Terrasse.

»Wir könnten ja eine Fußwanderung machen«, schlug Brigitte zögernd vor.

Ursula beobachtete ihre Eltern. Nein, eine Fußwanderung kam nicht in Frage. Sie atmete auf.

»Wir wollen uns doch ein bißchen erholen«, entschuldigte Mutter die Ablehnung.

»Es ist der See, den ich meinte«, stellte der Vater fest. »Ich erkenne ihn, aber wie sich hier alles verändert hat! Da hinten war einmal eine herrliche Wiese. Wie kann man nur etwas so verwildern lassen?«

»Mücken sind auch hier«, jammerte die Mutter. »Ich bitte dich, fahren wir, du weißt, wie mich Mücken lieben.«

»Wir könnten noch . . .«, sagte Vater zögernd im Wagen. Aber Mutter hatte keine Lust mehr. »Nein, ich will nach Hause.«

»Könnten wir nicht die Hühnerfarm ansehen?« fragte Brigitte. »Vielleicht haben sie auch ganz kleine Küken.«

»Ich habe Kopfschmerzen«, sagte die Mutter. »Ich möchte so schnell wie möglich nach Hause.«

Ursula ließ sich zurücksinken und atmete auf. Die Qual nahm ein Ende. Der familiäre Sonntag verkürzte sich unverhoffterweise auf ein fast erträgliches Maß.

Und wieder saß Brigitte drüben in ihrer Ecke, hinter der Mutter, hatte sich etwas nach rechts gedreht und pflanzte ihre Gedanken in die Landschaft.

Am frühen Nachmittag waren sie daheim. Die Straße, in der sie wohnten, war zu dieser Stunde menschen- und autoleer. Auf dem Spielplatz vor ihrem einstöckigen Haus spielte kein einziges Kind. Nur ein junger Mann saß auf der Bank im Schatten der Trauerweide. Er trug eine dunkle, fast schwarze Sonnenbrille, deren Gläser wie Spiegel waren.

Die Mutter verließ immer wie eine Dame das Auto. Sie stieg aus dem Wagen und ging hocherhobenen Hauptes in das Haus. Die zwei Töchter blieben beim Vater, achteten, daß er das Auto richtig abschloß und halfen ihm, das Campinggepäck in die Wohnung zu bringen. Man konnte es noch auf dem Balkon gebrauchen.

»Wißt ihr was«, sagte der Vater, der versuchte, die mißglückte Expedition vergessen zu machen. »Wir braten unsere Würste in der Küche und essen sie dann auf dem Balkon!«

Er aß die Würste allein mit Brigitte. Und Brigitte bemühte sich, den Sonntag nicht entgleisen zu lassen, sie sprang auf und holte Limonade aus dem Kühlschrank, dann den Aschenbecher und dann eine neue Schachtel Zünder; sie räumte das Geschirr vom Tisch und kehrte sofort zurück, um den Vater nicht allein zu lassen, um ihn nicht auch noch zu verlieren, denn Mutter hatte sich samt ihren Kopfschmerzen ins Bett gelegt, und Ursula war zu Freundinnen gegangen.

»Ist es nicht auch hier schön, Mücke?« fragte der Vater.

»Wir haben die schönsten Blumen auf dem Balkon weit und breit. Es wäre jammerschade, würden wir das nicht auch einmal genießen.«

Brigitte stand an der Brüstung, das Gesicht in violetten Petunien, und antwortete: »Der mit der dunklen Brille sitzt noch immer da.«

»Wer mit der dunklen Brille?«

»Der junge Mann mit der dunklen Brille.«

Vater streckte sich, um über die Brüstung zu sehen und fragte:

»Ja, und was ist mit ihm?«

»Er war schon da, als wir zurückgekommen sind.«

»Das ist ein Bursch«, sagte der Vater. »Ein junger Bursch ist das. Dem ist langweilig, der weiß nicht, was er tun soll. Tja, seit die jungen Leute kein Buch mehr zur Hand nehmen, wird natürlich ein Sonntag zu lang. Viel zu lang. — Wenn ich so denke«, überlegte er dann, »mein Großvater hat nur den halben Sonntag frei gehabt. Den Nachmittag. Und Urlaub gab's überhaupt keinen.«

»Er sieht ganz traurig aus.«

»Ach, das redest du dir jetzt wieder ein. Langweilig ist ihm. Der weiß gar nicht, was Traurigsein ist. Die jungen Leute sind zwar nicht fröhlich, aber gerade deshalb können sie auch nicht traurig sein.« Vater erhob sich und klappte die Liege auf. »Ich werde jetzt ein bißchen schlafen, solange es hier noch so still ist«, verkündete er. »Wenn dann die Autos zurückkommen, ist es sowieso mit der Ruhe vorbei.«

»Ich passe auf dich auf«, sagte Brigitte. Sie stellte Vaters Zigarettenpackung in den Schatten, legte die Zündholz-

schachtel daneben und setzte sich dann auf einen Klappstuhl.

Vater schlief sofort ein, und sein Gesicht wurde sehr ernst
im Schlaf. Brigitte hatte ihn schon oft einschlafen sehen,
mitten am Tag, und sie verstand nicht recht, daß man am
hellichten Tag einschlafen konnte. Meist zuckte dann eine
Augenbraue des Vaters, die rechte, oder es ging wie ein
elektrischer Schlag durch seinen Körper. Dann erst ent-
spannten sich seine Züge, seine Haltung lockerte sich, die
Hände wurden schlaff und wehrlos. Nur, wenn sie zu
lange sein Gesicht betrachtete, wurde Vater unruhig.

Sie stand wieder auf und sah den Spatzen zu, die im Sand
der Spielkiste badeten.

Der junge Mann saß noch immer auf der Bank und starrte
durch die Sonnenbrille vor sich hin.

Da machte jemand »psst« unter dem Balkon. — Es war der
Großvater. Brigitte zuckte zusammen und winkte zögernd.

»Alle daheim?« fragte der Großvater leise.

»Sie schlafen«, flüsterte sie. »Warte, ich komm zu dir.«
Sie ließ die Markise etwas herunter, damit Vater nicht zu
lange ungeschützt in der Sonne lag, schloß dann die Tür
zum Schlafzimmer der Eltern, nahm die Schlüssel vom Brett
und zog die Wohnungstür hinter sich leise zu. Dann rannte
sie die Treppe hinunter und umarmte den Großvater, der
draußen vor der Haustür stand und sich sofort entschuldigte.

»Ich dachte, ich gehe nur einmal vorbei. Eigentlich wolltet
ihr ja nicht daheim sein, aber dann sah ich den Wagen
stehen.«

»Unser Platz war besetzt«, erzählte sie. »Weißt du, der am
Steinbruch, und woanders war es nicht schön, und da fuhren wir gleich wieder zurück.«

»Mama hat Kopfweh?«

»Ja, wieso weißt du das?«

»Das hat sie von ihrer Mutter, ich kenne das.«

»Setzen wir uns auf eine Bank?«

Der Großvater wählte die Bank unter einem Ahornbaum. Sie stand genau der anderen Bank gegenüber, auf der der junge Mann saß. — »Ja«, begann er, »ich war heute mittag beim Herzog von Winchester und Westmoreland zum Lunch geladen. Es gab Spinat mit Spiegelei, Bratkartoffeln und Zahnstochern. Die Spiegeleier waren etwas zäh, und die Messer waren stumpf.«

»Und warum?« fragte Brigitte ernsthaft.

»Der Rasensprenger war ihm kaputtgegangen, und nun hatten sie den Wasserstrahl mit den Messern teilen müssen, und das halten auch die schärfsten Messer auf die Dauer nicht aus.«

»Und was sagte der Herzog?«

»Er sagte, daß ich dich das nächstemal mitbringen soll. Er schickt uns sein Privatflugzeug. Übrigens, was macht das Stück Nordpol, das ich dir das letztemal mitgebracht habe?«

»Das wird jeden Tag ein Stück größer«, antwortete Brigitte. »Aber die anderen merken es nicht.«

»Das ist gut«, lobte der Großvater.

»Morgen«, fuhr Brigitte fort, »wird es wie ein kleiner Gletscher sein, dann wird es aus dem Kühlschrank herauskommen, durch die ganze Küche wandern, immer größer werden, nächste Woche kommt das Eis schon hier bis zur Bank. — Da heißt es jetzt Zündhölzer sparen für die Eiszeit.«

»Psst«, sagte der Großvater, »nicht zu laut, der junge Mann da drüben beobachtet uns. Seine Brille spiegelt nach außen, damit man nicht sieht, wohin sein Blick geht. Siehst du, er sieht genau zu mir her. Er muß zählen, wieviel

Knöpfe mein Anzug hat, und das muß er dann seinem Chef berichten.«

»Ob er etwas von unserem Stück Nordpol weiß?«

»Psst, lieber nicht so laut, das soll doch eine Überraschung werden.« — Plötzlich lachte der Großvater. »Nein, Spatz, mit dir ist es wunderbar. Mit dir kann ich über alles Wichtige im Leben reden. Mit den anderen immer nur über die Nebensächlichkeiten. Meinst du, sie haben nun langsam ausgeschlafen?«

Brigitte nickte.

»Dann komm«, sagte der Großvater, »und kein Wort davon, daß ich heute mittag beim Herzog eingeladen war.«

Für Brigitte bestand der Großvater aus mehreren Männern. Immer war er in Veränderung begriffen. Wenn er mit ihr allein war, war er jedoch am lustigsten und am ausgelassensten. Er mußte sich dann nicht um die anderen Erwachsenen kümmern. Schon vor Ursula wurde er anders. Etwas unsicher. Sie verstand seine Scherze nicht, und das machte sie dem Großvater und den Großvater ihr fremd. Mit seinem Schwiegersohn, dem Vater der Mädchen, konnte er manchmal reden, wie ihm ums Herz war, kam aber seine Tochter dazu, wurde er einsilbig oder redete nur über unbedeutende Dinge, die ihn nicht interessierten.

»Warst du mit Brigitte lange allein?« fragte die Mutter ihren Vater, als sie aus dem Schlafzimmer kam.

»Lange? Was heißt lange? Wir waren nur eine ganz kurze Zeit allein«, sagte er. »Ein Vogel flog über den Hof, so lange. Oder anders ausgedrückt, der Schatten von einem Grashalm wurde genau einen Millimeter länger. Wenn du willst, ich zeige dir den Halm.«

»Sie ist bald zwölf«, rief die Mutter ärgerlich, »und du behandelst sie immer noch wie ein Kind.«

»Und ich bin bald sechzig«, erwiderte der Großvater, »und wie behandelst du mich? — Du«, sagte er, »du bist natürlich nie ein Kind gewesen. Doch, halt, nein, du warst ein Kind, mit zwei oder drei Jahren. Ich glaube, für die Dauer von fünf Minuten. Es war dir damals etwas Peinliches passiert, und ich machte dich wieder sauber. Damals warst du ein Kind.«

»Du hast ja gesehen, wie weit du es mit deinen Geschichten gebracht hast! Was hast du erreicht? Nicht einmal die Prokura!«

Der Vater kam nun und fragte: »Was gibt's denn schon wieder?«

»Nichts«, sagte der Großvater, »man hat mir nur mein erfolgreiches Leben vorgehalten. — Als ob es kein Erfolg wäre, bei den Kollegen beliebt zu sein. Als der Prokurist krank war, besuchten ihn zwei im Spital. Als aber ich krank war, kamen alle. Außer dem Prokuristen natürlich. Aber ist das nichts? Ich verhindere, daß unser Büro eine Buchhaltungswüste wird, ist das nichts? Ich bin fröhlich, ist das kein Verdienst? Mit fast sechzig fröhlich, ich frage dich, ist das nichts?«

»Und was bringt es ein?« fragte die Mutter.

Der Großvater lachte. »Was es einbringt. Ha! Eine Menge.«

Brigitte, die sich in eine Ecke gedrückt hatte, sagte: »Ich gehe hinaus.« — Aber es hörte sie niemand.

»Eine Menge bringt es ein, unter anderem das, daß du dich nicht um mich kümmern mußt«, fuhr der Großvater fort. »Ich bin kein Fall für den Arzt, das bringt es ein. Ich bin ein fröhlicher Mensch und arbeite immer noch gern. Wenn ich dagegen dich ansehe, dein mürrisches Gesicht, dann muß ich doch auch fragen, was das einbringt, hast du nur einen Zehner mehr in deinem Portemonnaie dafür?«

»Willst du vielleicht ein Bier?« fragte der Vater seinen Schwiegervater, weil er merkte, daß der Rest des Sonntags gefährdet war. »Ich habe ganz frisches im Kühlschrank. Export.«

»Aber nur ein kleines Glas.« — Der Großvater ging auf den Balkon hinaus und rief in das Zimmer zurück. »Sei doch froh, daß sie noch ein Kind ist, sie wird noch früh genug erwachsen werden. Ich kenne niemand, der zu spät erwachsen geworden ist.«

»Vorausgesetzt, du hältst dich für erwachsen.«

Der Vater erschien und sagte: »Das Bier, bitte.«

Jetzt erst fiel dem Großvater auf, daß Brigitte nicht mehr da war. »Wo ist sie denn hin, mein Goldtäubchen?« fragte er. »Hast du sie mir wieder verjagt, meine Taube. Weil du immer nur erziehen willst.«

»Da draußen ist sie.« Die Mutter wies mit dem Kopf in den Hof. »Und mit wem spielt sie? Mit Kindern zwischen vier und acht.«

»Dann laß sie Kindergärtnerin werden«, rief der Großvater.

»Sicherlich verdient sie nicht so viel damit wie ein Plattenstar, aber sie wird dabei möglicherweise glücklich sein. Und außerdem, du kannst dich davon überzeugen, spielt sie nicht wie eine Vier- oder Achtjährige, sondern ordnet und leitet nur das Spiel. Das ist doch ein schöner Zug, finde ich, das ist, wenn du willst, ein mütterlicher Zug an ihr, das ist gar kein kindlicher Zug.« — Er ließ sich auf einen Klappstuhl nieder und fragte: »Hält so ein wackeliges Ding mich auch aus?«

»Es hält dich aus«, antwortete die Tochter. »Bleibst du zum Abendessen?«

»Wenn du mich so eindringlich bittest, gern«, sagte der Großvater. »Vorausgesetzt, ihr habt genug daheim.«

Mutter verschwand in der Küche, und Vater begann, von dem mißglückten Sonntagsausflug zu erzählen. »Genau auf unserem Platz hatten sich die Leute niedergelassen«, endete er. »Und sie benutzten meinen Herd. Ich selbst habe ihn mühsam aus Steinen zusammengebaut, und jetzt benutzen sie ihn.«

Großvater hörte nur halb hin. »Wo ist Ursula?« fragte er.

»Bei Freundinnen«, antwortete der Vater. »Warum fragst du?«

»Nur so.«

»Du hast doch sicher einen Grund, wenn du fragst.«

»Nein, nein.«

»Also, jetzt sag mir den Grund.«

»Ich kann mich ja auch geirrt haben«, räumte der Großvater ein.

»Hast du sie gesehen?«

»Ja. Und ich hatte das Mädchen neben ihr für einen jungen Mann gehalten. — Aber heute ist das so schwierig, junge Leute in einem gewissen Alter auseinanderzuhalten. Mädchen sind kurzgeschoren, Burschen langhaarig, da muß man schon verdammt gute Augen haben.«

Draußen sangen die Kinder: »Laßt die Räuber durchmarschieren durch die goldene Brücke, Brücke ist gebrochen, wer wird sie machen, aus lauter Gold und Edelstein . . .«

»Hörst du?« fragte der Großvater. »Mein Enkelkind zieht einen Privatkindergarten auf. Ich weiß nicht, was Irmgard dagegen hat.«

»Brigitte ist eben noch ein bißchen verspielt.«

»Laßt ihr doch die Flügel, solange sie noch von selber halten. Ich kenne andere Eltern, die wollen sie ihren fast erwachsenen Kindern künstlich aufkleben. Laßt sie doch, wie sie ist.«

»Irmgard sagt«, begann der Vater zögernd, »Brigitte sei

noch gar nicht richtig auf der Erde, und man müsse sie allmählich langsam herunterholen.«

»Sie ist mehr auf der Erde, als ihr denkt. Das kann ich vielleicht besser beurteilen. Nur, sie hat etwas, was ihr beide nicht habt, und was ihr mir zum Vorwurf macht.«

»Ja«, sagte der Vater gequält, »deine vielgerühmte Phantasie.«

Die Mutter erschien im Wohnzimmer und sagte: »Ruft mir Brigitte herein, sie soll mir den Tisch decken helfen.«

»Ich helfe dir«, schlug der Großvater vor.

»Ich sagte, Brigitte soll mir helfen.«

»Brigitte!« rief der Vater. »Brigitte, kommen!«

Die Mutter ging wieder in die Küche zurück, und Großvater sagte: »Ich möchte mich ja nicht einmischen, aber ich muß sagen, du bist ein gehorsamer Jüngling.«

»Sie ist tatsächlich zu verspielt«, wurde der Vater etwas lauter.

»Ein Kind im Spiel stören«, sagte der Großvater, »das heißt, einen Gedanken Gottes zu unterbrechen. Das heißt, einen Vogel zum Absturz zu bringen, einen Fisch ans Land zu werfen, ein Lächeln wegzuradieren, die Welt abrupt ärmer zu machen. Was hat Irmgard damit gewonnen, daß Brigitte nun Tassen und Teller auf den Tisch stellt? Was hat sie Brigitte damit geschenkt?«

»Die Erziehung unserer Kinder liegt in unseren Händen«, erklärte der Vater mit rotem Kopf.

»Du irrst dich«, erwiderte der Großvater. »Das Rechthaben liegt in euren Händen.«

Die beiden Männer saßen eine Weile stumm und trotzig da. Dann fragte Vater: »Willst du noch einen Schluck?«

»Nein, danke.« — Der Großvater begann auf dem Balkon auf und ab zu gehen und sah in den Hof hinaus. Der junge Mann mit der dunklen Brille war nicht mehr da. — Drinnen rief die Mutter zu Tisch. Der Großvater verließ nur zögernd den Balkon.

»Nun, mein Goldtäubchen«, sagte er, als er Brigitte sah.

Brigitte wandte sich ab. Aber dann saß sie am Tisch ihm gegenüber, ernst und zugeschlossen, die Hände artig auf dem Tisch. Ihr etwas sprödes, blondes Haar schimmerte im Licht der Lampe über dem Tisch, und der Großvater dachte: Ihr Gesicht ist wunderbar altmodisch. Sie könnte aus einem Holbeinbild herausgeschnitten, von Botticelli gemalt worden sein, vielleicht sogar von Velazquez. Raffael hat solche Augen gemalt. — Ein abendländisches Gesicht, dachte der Großvater, während er den Tee umrührte. Wieso merkten Eltern nicht schon am Gesicht ihres Kindes, welches menschliche Geschick dieses Kind haben würde? Standen sie ihm zu nah?

»Wann wollte Ursula zurück sein?« fragte die Mutter.

Der Vater sah auf die Uhr und sagte: »Eigentlich sollte sie schon da sein.«

Der Großvater entdeckte, wie sich Furcht in die Züge seines Enkelkindes einschlich, wiederum lag eine Mißstimmung im Bereich der Möglichkeit, daher fragte er schnell: »Nun, mein Spatz, ist das ein schöner Sonntag gewesen?«

Brigitte sagte: »Der junge Mann auf der Bank, weißt du, uns gegenüber, der mit der dunklen Brille . . .«

»Ja, was ist mit dem jungen Mann?«

»Er ist blind.«

Nach einer Weile fragte die Mutter: »Welcher junge Mann, und wieso weißt du es?«

»Er saß schon auf der Bank, als wir heimkamen«, erklärte der Vater.

»Und wieso weißt du, daß er blind ist?« fragte die Mutter noch einmal.

»Als der Ball auf ihn zuflog . . . Er hat sich nicht einmal bewegt. Und später hat ihn Frau Martin abgeholt. Sie hat ihn geführt. Sie . . .«

»Weiß niemand etwas Lustiges zu berichten?« fragte die Mutter.

Sie ging mit geschlossenen Augen die Treppe hinunter und nahm eine Stufe zuwenig. Sie stolperte und wäre fast hingefallen. Sie öffnete die Augen und dachte, so ist das also, wenn man blind eine Treppe hinuntersteigt. Dann schloß sie wieder die Augen und versuchte, die paar Schritte zur Tür zu gehen und die Klinke zu finden. Sie stieß an die kühle Wand, war zu weit nach links geraten, langsam tastete sie sich an der Wand nach rechts. Jetzt kam der Türstock, dann die Tür. Die Klinke mußte tiefer sein, nein, sie war höher. Brigitte öffnete die Tür und spürte den hellen Tag jenseits ihrer Lider, aber sie wollte die Augen noch nicht öffnen, sie wollte die Tür erst schließen. Man öffnet die Tür normalerweise in einem Winkel von sechzig Grad, dachte sie. Also muß man etwa sechzig Grad zurück, aber da knallte die Tür schon ins Schloß. Brigitte öffnete die Augen und ging schnell davon.

Den ganzen Tag versuchte sie sich vorzustellen, wie das war, wenn man nichts sah, wenn das Licht ausgelöscht, wenn dichter Nebel über die Augen gesunken war, Dunkelheit, in der Gefahren lauerten. Sie ging mit geschlossenen Augen auf dem Schulhof, aß einen Apfel mit geschlossenen Augen und versuchte, mit geschlossenen Augen eine Zeile zu schreiben. — »Es ist sehr schön zu sehen«, schrieb sie. Die beiden ersten Worte waren fast, als hätte sie sehend geschrieben, aber das ›sehr‹ wurde schon undeutlicher, sank zum ›schön‹ herab, das sich auseinanderzog, und bei ›sehen‹ hatte sie schon einen Strich zuviel gemacht und ›sehem‹ geschrieben. Jetzt war dies aber nur eine Zeile gewesen. Hätte sie andere Zeilen hinzugefügt, wäre sicherlich eine

Zeile in die andere gewandert, sie hätte Wörter über-
einandergeschrieben, Sätze verstümmelt, Wörter verloren.
Sie fragte in den Pausen ihre Klassenkameradinnen:
»Kennst du einen Blinden?«
Nein, keine kannte einen Blinden. Nur bei einer war einmal
ein Blinder gewesen, ein Klavierstimmer. Ein Kriegsblinder.
Warum sie frage?
»Ach nichts, es war mir nur so eingefallen.«
Wenn er also musikalisch war, konnte er vielleicht mit Kla-
vierstimmen sein Geld verdienen. Aber wer hatte heute noch
ein Klavier? Sie begann zu zählen. Von den vielen Leuten,
die sie kannte, hatten nur vier ein Klavier daheim. Wieviel
Klaviere mochten in einer Stadt stehen?
Vorne fragte der Lehrer etwas, aber wie viele Klaviere
waren es wirklich?
»Becker«, sagte der Lehrer, »wie heißt dieser Lehrsatz?«
Brigitte erhob sich und dachte an die Klaviere, und an die,
die sie stimmten, und sicherlich gab's ja nicht nur blinde
Klavierstimmer, sondern auch sehende. Und wie fand ein
Blinder überhaupt die Wohnungen, in die er mußte. Mit
einem Hund vielleicht. Gut, ein Hund konnte ihn über die
Straße führen, aber er konnte nicht ablesen, in welches Haus
er treten mußte und hinter welchem Eingang die Wohnung
war.
»Nun?« fragte der Lehrer.
Zischeln um sie herum, sicherlich die patentiert richtige Antwort, aber sie mußte an den Blinden und den Hund denken.
Vielleicht brauchte ein Blinder auch sie, denn wie fand er
tatsächlich fremde Adressen und fremde Wohnungen? Er
konnte doch nicht in alle Häuser gehen, an allen Türen
läuten oder immerfort die Leute fragen.

»Also nichts?« sagte der Lehrer betrübt.

Und sie begann erst jetzt langsam zu ahnen, daß alles sie anging. Daß die Fragen ihr galten, daß der Lehrer für sie da war, das Klassenzimmer, die Schule.

»Kannst du mir wenigstens sagen, was ich dich gefragt habe?« — Der Lehrer stand vor ihr und forschte in ihrem Gesicht. Mit Augen, die sichtlich nicht blind waren — gab es auch blinde Lehrer? —, forschte, versuchte er, ihren Blick zu finden, sie festzunageln, sie zu erreichen. Aber nach einer Weile seufzte er. — »Das ist natürlich kein Ruhmesblatt«, sagte er und notierte etwas in sein schmales biegsames Buch. »Absolut kein Ruhmesblatt. Und es genügt nun einmal nicht, den Körper hier in der Klasse abzuliefern und mit dem Astralleib eine Weltumseglung oder Erdumrundung zu machen. Oder« — er forschte wieder — »ist daheim jemand krank?«

Sie schüttelte den Kopf.

»Sonst etwas geschehen?«

Sie schüttelte wieder den Kopf.

»Dann muß ich schon sagen, daß ich das nicht verstehe. Man wird sich doch diese knappe Stunde ein wenig zusammennehmen können.«

Sie setzte sich und fühlte die Blicke der anderen auf sich. Alles junge Menschen, die sahen. Interessierte Blicke, schadenfrohe Blicke, gemeine Blicke. Augen, die nicht getrübt waren, klare Augen, die keine dunkle Brille benötigten, um ein Gebrechen zuzudecken wie ein Baumblatt eine Wunde.

Sie ging wortlos neben ihren Kameradinnen heim, die kicherten und dummes Zeug redeten, furchtbar dummes Zeug, das sie kaum hörte. Sie fühlte mehr, als sie es sah, daß es der Reihe nach weniger wurden, denn sie hatte den längsten Weg. Als die letzte in einen dunklen Hausflur verschwunden war, schloß sie die Augen und tastete sich an der Hauswand weiter.

Ein alter Mann fragte: »Ist dir schlecht?«

Sie schüttelte den Kopf, fühlte, daß sie rot wurde und begann zu laufen.

»Wo bist du so lange geblieben?« fragte die Mutter daheim. »Ich hab schon zweimal die Suppe aufgewärmt.«

Aber sie antwortete nicht und dachte, wie ißt ein Blinder? Diese Frage interessierte sie brennend, und es störte sie nichts so sehr wie die Mutter, die ihr gegenüber saß und sie fast ununterbrochen musterte. Mutter hatte einen Blick, der ihr Angst machte. Einen Blick fast ohne Wimpernschlag, einen Blick, in dem die Augen starr wurden, hervortraten, ein Grund zum Fürchten und zum Wegsehen. Auch die Mutter dachte dann meistens an etwas anderes, und sie sah gar nicht, was vor ihren Augen vor sich ging. Wie war das bei einem Blinden? Welche Bilder sah er in seiner Phantasie? Wie stellte sich ein Blinder, der blind auf die Welt gekommen war, diese Welt vor? Ein Blinder, der für nichts ein Modell hatte, für kein Lächeln, für keine Blume, für keine kleine Katze und nicht für den Flug des Schwans.

Endlich ging die Mutter in die Küche, und Brigitte konnte die Augen schließen und blind die Suppe löffeln. Sie vergaß, die Augen zu öffnen, als die Mutter wiederkam, und plötzlich brannte ihre Wange, und sie wußte, wie es einem Blinden zumute war, der geohrfeigt wurde.

»Da sieh dir an, was du angerichtet hast«, schimpfte die Mutter. »Das frische Tischtuch und die frische Bluse. Nur weil du zu faul bist, die Augen offen zu halten.«

Die Wohnung am Nachmittag. Das Mittagsgeschirr war gespült und weggeräumt, die Küche blitzblank. Im Flur alle Türen geschlossen, matter Dämmer. Die Mutter lag auf der

Couch im Wohnzimmer, wach, mit starr geöffneten Augen, rauchte eine Zigarette nach der anderen und wollte nicht gestört werden.

Ursula saß an ihrem Tisch, hatte einen Stoß Hefte und Bücher vor sich und arbeitete. Ihr gegenüber die kleine Schwester, Brigitte, mit einem aufgeschlagenen Heft, den Füller in der Hand, unschwer wahrzunehmen und doch weit, weit fort.

Das Fenster war offen. Draußen im Hof spielten die Kinder. Ein Mädchen weinte. »Muhuhuhutti!« — Die Mutti meldete sich. »Peter hat mir meinen Ball weggenommen!«

Brigitte stand auf und ging zum Fenster. Peter warf gerade den Ball fort. In der Sandkiste spielten die Kleinen, als gingen sie das weinende Mädchen, der Ball und Peter nichts an. Die Bänke waren leer.

»Hallo!« rief Ursula nach einer Weile, und Brigitte zuckte zusammen. »Mensch, mach doch die Aufgabe, wenn du raus willst«, schimpfte sie dann weiter. »Trödel nicht! Reiß dich doch zusammen, Mücke!«

Brigitte setzte sich und machte die Aufgabe. Das heißt, sie schrieb Buchstabenreihen in das eine Heft und Ziffern in das andere. Sie klappte ein Buch auf und versuchte ein Gedicht auswendig zu lernen, aber sie merkte sich diesmal nicht einmal die Reime. Die Zeilen verflossen vor ihren Augen, Worte wurden plötzlich fremd, oder komisch, das Gedicht verlor den Sinn, den es doch gehabt hatte. Sie versuchte sich die Reime zu merken, las sie der Reihe nach herunter. Fällt, läutet, bereitet, wohlbestellt. — Wanderschaft, Pfaden, Gnaden, Saft. Und die dritte Strophe: Herein, Schwelle, Helle, Wein. — Sie hatte das Gefühl, betrogen worden zu sein. Waren das wirklich so wunderbare Reime? War das Gedicht wirklich so schön, wie es der Lehrer gepriesen hatte? Sie ließ die Seiten durch die Finger wandern, tat lange Zeit, als würde sie lesen, während sie die seltsamsten Gedanken durchwanderten, faßte dann plötzlich den Entschluß zu sagen »ich bin fertig«, räumte in fliegender Hast ihre Bücher weg und rannte hinaus auf den Hof.

Die Bänke waren immer noch leer.

Die Kleinen formten im Sandkasten Kuchen in Blechformen und legten sie hübsch der Reihe nach auf die Umrandung. Zwei Mädchen, die mit Kreide einen Tempel auf den Betonweg zeichneten, riefen sie, aber sie schüttelte nur stumm den Kopf. Sie verließ den Hof, vergewisserte sich, daß ihr auf dem Gehsteig niemand entgegenkam, schloß die Augen und ging in einer Armlänge Abstand von der Hausmauer weiter. Als sie um die Ecke bog, stieß sie mit jemandem zusammen. — Es war der junge Mann mit der dunklen Brille.

— Brigitte stand erstarrt und versuchte sich zu entschuldigen, aber ihr fiel kein Satz, kein einziges Wort ein, das für diesen Fall gepaßt hätte.

»Verzeihung«, sagte der junge Mann.

»Oh ... Ich ... Es war ...«, stammelte sie, wollte ihm gleichzeitig helfen und davonlaufen, ihn führen und im Erdboden versinken. Sie wußte genau, daß ihr später alles einfallen würde, was sie hätte sagen können, aber dann war es zu spät. »Entschuldigung«, rief sie, »es war meine Schuld.« Und dann rannte sie fort. Zurück in den Hof, in das Haus, die Treppe hinauf, in die Wohnung. Erst im Zimmer gegenüber Ursula beruhigte sie sich.

»Was ist denn los?« fragte die ältere Schwester. »Hast du etwas angestellt?«

Brigitte schüttelte den Kopf.

»Aber es sieht ganz so aus. Warum bist du so atemlos?«

»Weil ich gelaufen bin.«

»Und warum bist du gelaufen?«

Brigitte überlegte, vielleicht war es gut, daß sie es sagte. —

»Ich bin mit jemandem an der Ecke zusammengestoßen«, gestand sie schließlich.

»Aber deswegen rennt man doch nicht weg.«

Sie stand auf und ging zum Fenster, winkte die Schwester heran und sagte: »Mit dem.«

»Ja, und?« fragte Ursula.

»Die Brille, die er trägt, das ist keine Sonnenbrille. Er ist blind.«

»Trotzdem rennt man deswegen nicht weg.«

Sie hätte jetzt sagen können, ich wollte ja gar nicht weglaufen. Im ersten Augenblick wollte ich ihn sogar führen, ich freute mich, daß er gerade um die Ecke kam, aber . . .

Ursula fragte: »Ist er von Geburt an blind?«

Sie zuckte die Achseln. Natürlich, es gab zwei Möglichkeiten. Man konnte von Geburt an blind sein und später erblinden, durch Krankheit, Krieg, durch einen Unfall . . .

»Ich verstehe immer noch nicht, warum du so weggerannt bist«, hörte sie Ursula sagen. »Hast du dich vor ihm gefürchtet?«

»Ich hab nicht damit gerechnet, daß er es ist.«

»Das heißt, du hast gerade an ihn gedacht?« — Ursula setzte ein Lächeln auf, das Brigitte nicht gefiel.

»Nein«, rief sie. »Nicht, was du denkst. Nein, das ist es nicht. Ich hab nur an ihn gedacht, weil er blind ist. Kannst du dir das vorstellen, wie das ist?«

»Es genügt, die Augen zuzumachen.«

»Nein, das genügt eben nicht. Es ist viel mehr. Denn die Augen kannst du wieder aufmachen, das weißt du die ganze Zeit, solange du sie geschlossen hast. Wenn du willst, kannst du wieder sehen. Aber sehen wollen und nicht können.«

»Vielleicht«, sagte Ursula nachdenklich, »vielleicht sehen sie andere Sachen. Vielleicht hören sie besser, fühlen sie besser, haben sie einen besseren Orientierungssinn. Ich an deiner Stelle würde mit ihm . . . Natürlich, man kann ja. Sprich mit ihm.«

»Nein«, sagte Brigitte schnell.

»Er sitzt ganz allein auf der Bank. Der freut sich bestimmt, wenn jemand zu ihm kommt und mit ihm spricht. Was glaubst du, warum der jetzt unten sitzt? — Der wartet drauf, daß sich jemand zu ihm setzt.«

Brigitte ging wieder in den Hof hinunter. Sie konnte sich aber weder zu dem jungen blinden Mann setzen, noch konnte sie spielen. Mit Großvater wäre das alles viel leichter gegangen. Der hätte sich auf die Bank gesetzt und gesagt: »Na, junger Mann, wie haben wir's denn?«

Das war eine Frage, und darauf konnte man antworten. Aber sie konnte es eben nicht wie Großvater machen. Sie konnte nicht einfach mit ihm zu sprechen beginnen. Sie setzte sich auf die Bank, auf der sie gestern mit Großvater gesessen war, und schlenkerte mit den Beinen. Ob sie das Gedicht noch am Abend oder erst morgen früh auswendig lernte? Oder ob sie jetzt hineinging? Sie konnte sich entscheiden, aber bevor sie sich entschied, geschah eine Kleinigkeit, eine Winzigkeit, die ihr die Entscheidung abnahm.

Am Nachmittag war es immer windiger geworden, ein warmer, fast heißer Wind, der die Sandkuchen dörrte und zerfallen ließ. Kleine Staubfahnen drehten sich im Hof, Papier flatterte auf. Ein Gewitter lag in der Luft.

Ihr gegenüber holte der junge Mann einen Kamm aus der Innentasche seiner Jacke und kämmte sich, dann steckte er den Kamm zurück, aber es mußte ihm ein kleiner Fehler unterlaufen sein. Der Kamm fiel in den Kies, ohne daß er es merkte. Brigitte sprang hoch, lief hinüber, hob den Kamm auf und sagte: »Ihr Kamm, bitte. Er ist Ihnen hinuntergefallen.«

Der junge Mann sagte »danke«, streckte die Hand aus, und sie näherte ihre Hand der seinen und gab ihm den Kamm. Er tastete ihn ab und sagte dann: »Tatsächlich, es ist meiner. Danke schön.«

Eine Weile stand sie da, überlegte, wollte weglaufen, fühlte den Widerstreit der verschiedensten Kräfte in sich wie ein Seil, das nach zwei Seiten gezogen wird, und sagte schließlich: »Spüren Sie den Wind und den Staub?«

Er nickte und fragte seinerseits: »Sind wir heute schon zusammengestoßen? An der Ecke?«

»Ja«, gab sie zu, und dann log sie schnell: »Ich hatte es eilig und . . .«

»Warum sind Sie dann zurückgelaufen?«

Sie wußte keine Antwort auf die Frage, wollte sie auch gar nicht beantworten, sondern sagte: »Sie müssen nicht Sie zu mir sagen. Ich bin erst zwölf.« — Sofort bereute sie, ihr Alter verraten zu haben, aber es war nicht mehr zu ändern. Und bei sich dachte sie, vielleicht hätte ich einem, der sehen konnte, gesagt, daß ich dreizehn bin. Aber dann fuhr wieder ein Windstoß durch den Hof und erinnerte sie daran, daß sie ihn vor dem Gewitter warnen wollte.

»Vorhin«, begann sie zögernd, »als ich Sie fragte, ob Sie den Wind und den Staub spüren, da wollte ich . . .«

Er fragte: »Kommt ein Gewitter?«

»Es sieht so aus. Die Wolkenwand steigt immer höher.«

»Danke«, sagte er. »Ich hab's gewußt. Ich wollte nur sehen, ob ich es richtig abschätzen kann, daß ich vor den ersten Tropfen aufstehe und noch trocken nach Hause komme.«

»Hab' ich etwas verdorben?«

Er schüttelte den Kopf und lächelte dann zum erstenmal. »Ich werde besser schon jetzt gehen.«

»Finden Sie nach Hause?«

»Danke, ja.« Er erhob sich, prüfte mit den Händen, ob seine Jacke richtig saß, fragte dann: »Bist du noch da?«

»Ja«, sagte sie.

»Adieu.«

Sie knickste und sagte »auf Wiedersehen!« Und dann fiel ihr ein, daß er sie ja gar nicht wiedersehen konnte, daß es eine Gedankenlosigkeit von ihr gewesen war, »auf Wiedersehen« zu sagen. Und gerade als sie sich vornahm, ihm nie mehr auf Wiedersehen zu sagen, drehte er sich noch einmal um und fragte: »Ich heiße Jürgen, wie heißt du?«

»Brigitte«, sagte sie und machte wieder einen Knicks, und weil er blind war, nur deshalb, fügte sie hinzu: »Ich wohne hier im Hof. Sie können mich rufen oder mich rufen lassen, wenn Sie etwas brauchen. Alle Kinder kennen mich.«

Da donnerte es zum erstenmal.

»Wir könnten es ja auch so machen«, sagte er, »wenn du im Hof bist, sagst du mir, ich bin da, dann weiß ich, daß du in der Nähe bist. Aber natürlich nur, wenn du willst.«

»Doch, ich will. Wirklich.«

Sie spürte einen Tropfen auf ihrer Stirn. Und er schien auch einen abbekommen zu haben. »Also, adieu!« rief er und ging so schnell er konnte.

»Adieu!« rief sie ihm nach. Und obwohl der hellgraue Betonweg immer mehr dunkle Tupfen erhielt, ging sie hinter ihm her, um zu sehen, ob er auch gut nach Hause kam. Um sie herum rannten Kinder in die Häuser, kreischten, als es stärker zu regnen begann, aber sie kehrte nicht um. Sie ging so weit mit, daß sie sehen konnte, wie er sein Haus betrat und in Sicherheit war. Jetzt erst konnte sie zurücklaufen. Der Himmel war zerborsten und prasselte auf die Erde. Sie selbst war plötzlich eine Riesin, übersprang Seen und Ströme und sogar eine Meeresbucht. Als sie triefend in der Wohnung anlangte, wurde sie jedoch schnell ein kleines Kind.

Die Mutter stand ärgerlich im Vorzimmer und jammerte: »Natürlich, wenn alle Kinder längst daheim sind, kommst du angetanzt. Du bist wohl zu dumm, um zu wissen, wann man bei einem Gewitter daheim sein muß.«

Brigitte senkte den Kopf, lief ins Badezimmer und trocknete sich das Haar, dann ging sie mit bloßen Füßen in ihr Zimmer und streifte das nasse Kleid ab.

Ursula lag auf ihrem Bett und las ein Buch. »Nun?« fragte sie, ohne von dem Buch aufzusehen, »ist er nett?«

»Ich soll ihm sagen, daß ich im Hof unten bin, damit er es weiß.« — Sie schlüpfte in ein trockenes Kleid und ging an das Fenster.

Der Hof war leer. Der Sandkasten ein Tümpel.

Die Sandkuchen der Kinder rannen in gelben Bächen davon.

Als Brigitte am nächsten Morgen aufwachte, erinnerte sie sich sofort an das, was sie sich beim Einschlafen vorgenommen hatte. Sie wollte die Augen nicht öffnen, sondern geschlossen halten. Es mußte entsetzlich sein, aufzuwachen und nichts zu sehen, aus dem Bett aufzustehen und in der Nacht zu bleiben, durch den Tag zu gehen wie durch einen Tunnel, zu leben wie in einem Bergwerk, in einer Höhle tief im Gestein.

Aufzuwachen und nicht zu wissen, ob draußen die Sonne schien, nicht nach dem Himmel sehen zu können, um das Wetter für den Tag abzuschätzen, nicht nach dem Thermometer am Fenster, um die Kleidung für den Tag zu wählen.

Sie fand bald eines heraus. Man konnte nur in einem Bereich der Ordnung leben, wenn man blind war. Man konnte die Dinge nicht das eine Mal da und das andere Mal dort hinräumen. Schlamperei war ein Luxus für Sehende. Sie verließ das Zimmer, um ins Badezimmer zu gehen, genau zu dem Zeitpunkt, da Mutter die Küchentür hinter sich schloß. Als sie den Waschlappen über das Gesicht legte, durchfuhr sie die Angst, wie, wenn ich nichts mehr sehe, selbst wenn ich die Augen öffne? Es konnte sie ja irgendeine Krankheit beschlichen haben, von der sie nichts wußte, irgendeine Ader konnte geplatzt sein und ihre Augen ausgelöscht haben, für immer. Sie bekam plötzlich solche Angst, daß sie den Lappen vom Gesicht riß und die Augen öffnete. Aber Gott sei Dank, da war der Spiegel. Und im Spiegel sah sie ihr Gesicht, und das sah weder krank noch angegriffen aus, und ihre Augen waren nicht einmal gerötet.

Während sie die Zähne putzte, betrachtete sie die verschiedenen Farben der Frottiertücher, las die Aufschriften auf Tuben und Fläschchen, die im Spiegelschrank aufbewahrt waren. Und Farbe und Schrift waren wie ein Geschenk für sie.

Wieviel hatte sie bisher außer acht gelassen, von wie vielen Dingen, die sie täglich gebrauchte, wußte sie nicht recht, wie sie aussahen! Noch nie hatte sie ihre Frühstückstasse eingehender betrachtet. Sie wußte nicht, daß sich ein Bauernhaus, ein Mann mit zwei Hunden, noch ein Haus, eine Kirche, ein Fluß mit zwei Anglern in einem Boot darauf befanden, mit vielen hohen und alten Laubbäumen dazwischen. Und wenn man die Tasse umkehrte, konnte man lesen »Woodland — Wood & Sons — England«.

Das Innendekor der Tasse bestand aus Blumen, die sie nicht mit Bestimmtheit benennen konnte, es waren drei verschiedene Arten, eine davon möglicherweise Aurikeln. Oben lief am inneren Rand der Tasse ein weißes Zickzackband im Blau. Aus dieser Tasse trank sie nun jahrelang, es war ihre Lieblingstasse, und sie freute sich, daß sie jetzt, auf der Außenseite beim genaueren Hinsehen, noch etwas Neues entdeckte. Zwei Schafe. Ein stehendes und ein liegendes in der Nähe einer Hecke und im Schatten jüngerer Bäume.

»Warum schaust du die Tasse stundenlang an?« fragte die Mutter gequält.

Sie hätte darauf sagen können, ›weil ich sehen kann‹, aber das hätte Mutter nicht verstanden oder als Frechheit empfunden, und so schwieg sie.

Mutter quängelte weiter, wollte wissen, was in sie, Brigitte, wirklich gefahren sei, während Brigitte Kakao in die Tasse füllte, Brot kaute, die Tasse an die Lippen führte, um das halbzerkaute Brot hinunterzuspülen.

»Iß nicht so hastig!« fand jetzt die Mutter. »Man kann dich nie, nicht einen Moment, aus den Augen lassen. Ich möchte wissen, was mit dir geschieht, wenn wir beide, Pap und ich, einmal nicht mehr sind oder wenn du uns plötzlich verlierst.«

Brigitte liebte in solchen Momenten ihre Mutter sicher nicht, aber wenn die Mutter die Möglichkeit eines plötzlichen und überraschenden Verlustes andeutete, wurde ihr leicht übel, ihr Magen drehte sich, das spürte sie ganz genau, sie konnte dann nichts mehr essen.

Das gab der Mutter neuerlich Anlaß zu Beanstandungen.

»Nun ist es wieder soweit!« jammerte sie. »Ich werde tatsächlich jetzt einmal ernst mit Papa sprechen. Damit du in ein Heim kommst, dort kannst du dir solche Extrawürste nicht erlauben. Du mußt doch wirklich einmal lernen, was Leben heißt.«

Brigitte saß da, mit eingeschnürten Lungen, mit verkrampftem Magen und fürchtete, diesmal könnte die Drohung der Mutter Wirklichkeit werden. Sie wollte nicht in ein Heim. Sie wollte nicht in ein Heim unter Gleichaltrige. Sie verstand sich nicht mit ihnen. Aber das war andererseits wieder ein Vorwurf, den ihr Mutter machte, sie war nicht so alt wie die anderen, sie hatte in zwölf Jahren vielleicht nur zehn Jahre zurückgelegt, hatte langsamer gelebt, hatte vielleicht manches verträumt.

»Quäl sie nicht so!« sagte nun Ursula, die sich bis jetzt nicht eingemischt hatte. »Du siehst doch, wie blaß sie wird.«

»Sie müßte nicht blaß werden, wenn sie ordentlich frühstückte«, entgegnete die Mutter. »Es ist nur ihr schlechtes Gewissen, daß sie so blaß wird.«

Manchmal hatte Brigittes Mutter über ihre Mutter erzählt; sie mußte ihr sehr ähnlich geworden sein. Einmal hatte Brigitte Mutter jammern hören — es war damals irgend jemand zu Besuch —, daß sie von ihrer Jugend nicht loskomme, daß sie sich von ihrer Kindheit nicht lösen könne. Das war es sicherlich, darum war sie so. Damals hatte ihr die Mutter leid getan, und sie hatte sich vorgenommen, ein sehr braves Kind zu sein, aber irgendwo und irgendwie war dieser Vorsatz verlorengegangen. Und außerdem war es gerade bei Mutter furchtbar schwierig, brav zu sein. Sie ärgerte sich einfach über alles.

Vater hatte einmal mit Großvater darüber gesprochen, daß sie eine Kur machen müsse. Aber sie wollte die Familie nicht verlassen. »Was tut ihr denn ohne mich?« hatte sie gefragt. »Das geht doch nicht.«

Brigitte erhob sich.

»Trink doch die Tasse leer«, befahl die Mutter.

»Ich kann wirklich nicht mehr.«

»Sofort trinkst du sie leer.«

»Ich heb' sie mir auf bis mittag«, flehte Brigitte.

»Damit du mittags wieder nichts ißt. Nein, du trinkst jetzt die Tasse leer. Und wenn du zu spät in die Schule kommst, es ist mir egal.«

Brigitte würgte den erkalteten Kakao hinunter, bis die Tasse leer war.

»Na also, warum geht es jetzt?« fragte die Mutter.

Am Nachmittag, dachte Brigitte, werde ich ihm sagen, daß ich da bin. Und sie dachte auf dem Schulweg, was sie ihm alles helfen konnte. Sie konnte ihn zu dem einen oder anderen Laden führen, zu einem Briefkasten, falls er einen solchen suchte. Sie konnte Briefmarken für ihn holen oder ein Glas Wasser aus der Wohnung. — Wenn er wollte, konnte sie ihm auch aus der Zeitung etwas vorlesen. Die Sportberichte, falls ihn diese interessierten, und sie konnte ihm aufzählen, wer alles im Hof spielte.

Und dann hörte sie die Glocke klingeln und erhob sich. Sie versuchte, die Stimme des Lehrers zu vernehmen, die Worte zu verstehen, die er aussprach. Sie betrachtete gebannt seinen Mund, wenn er sprach. Aber es war wie im Fernsehen, wenn kurz darauf das Wort ›Tonausfall‹ erscheint. Sie hörte nichts. Der Kontakt war unterbrochen. — Glockengeklingel, aufstehen, setzen. Fremde Länder, fremde Zeiten. — Ein paar Brocken Englisch. Wie hieß ihre Tasse daheim? Woodland. — Wieder Pause. — Glockenklingel, aufstehen, setzen. Nein, nicht setzen, ein Gebet. Und Gott, und Erlösung, und am Kreuz gestorben. Und plötzlich, als wäre sie aus dem Wasser gestiegen und hätte den Kopf geschüttelt, um die nassen Ohren leer zu bekommen: Er prüft uns durch das Leid.

Natürlich, alles Leid war eine Prüfung, und es mußten nicht immer Schmerzen sein, körperliche Schmerzen, seelische Schmerzen. Er konnte jemandem ganz leise und still die Hand über die Augen legen, so dicht, daß der Geprüfte nichts mehr sah.

War das wirklich sein Wille, daß ein junger Mann namens Jürgen im Dunkeln wandelte, hilflos der Güte anderer Menschen ausgeliefert? War das wirklich so für diesen einen einzigen, winzigen Menschen von dem geplant, der die Welt und die Planeten, die Sonne und die Milchstraßen, die Spiralnebel und das ganze All gemacht hatte? — Machte er den einen oder anderen nur deshalb blind, damit die Sehenden es als ein Glück empfanden zu sehen?

Sie mußte das Heft hervorholen und einige Sätze schreiben. Gott war plötzlich in ihrem Schulheft. Sie schrieb seinen Namen mit der gleichen Feder, mit der sie Caesar geschrieben hatte und den Pythagoreischen Lehrsatz. Mit der gleichen Feder, mit der sie in einem Aufsatz geschrieben hatte: »Der traurigste Tag in jedem Jahr ist der letzte Tag der Sommerferien.«

Sie hüpfte über den Spielplatz zu ihm und rief, noch einige Schritte entfernt: »Ich bin's, Brigitte!« — Dann blieb sie vor ihm stehen.

Er war zusammengezuckt, aber dann lösten sich die strengen Züge in seinem Gesicht, und er streckte die Hand vor sich hin.

Brigitte ergriff sie und schüttelte sie. Alles, was sie vorgehabt hatte zu sagen, war ihr entschwunden, schließlich sagte sie: »Ich bin jetzt immer in der Nähe, Sie brauchen mich nur zu rufen. Und wenn ich fortgehe, sage ich's Ihnen.«

Er nickte, und sie wurde sicherer. »Sie müssen es mir nur sagen, wenn Sie einen Wunsch haben.«

Er schüttelte den Kopf. Und als sie schon gehen wollte, da sagte er: »Morgen muß ich zum Professor.«

Sie kam einen Schritt näher. »Zum Professor?«

»Er untersucht mich. — Bist du noch da?«

»Natürlich«, sagte sie mit erstickter Stimme, weil sie zu ahnen begann, worum es bei dieser Untersuchung ging. »Natürlich bin ich noch da.«

»Er wird mich untersuchen«, sagte Jürgen.

Sie befeuchtete sich die Lippen. »Gibt es, gibt es eine Hoffnung? Ich meine, ist der Professor ein Augen . . .«

Er ließ sie nicht aussprechen. »Ja, ein Spezialist.«

»Oh«, sagte sie und ihr wurde ganz schwindlig. Ein Ball sprang neben ihr auf und drohte auf ihn zuzufliegen. Sie fing den Ball ab und wollte ihn schon zurückwerfen, da sagte er: »Ein Ball?«

»Ja.«

»Darf ich ihn angreifen?«

Sie reichte ihm den Ball.

»Wenn ich ihn geradeaus werfe, treffe ich dann jemanden?«

Sie trat zur Seite: »Nein.«

Er warf den Ball zurück.

»Ein schöner Wurf«, sagte sie anerkennend.

»Welche Farbe hatte er denn?«

»Es war ein roter Ball. — Wissen Sie, wie rot ist?«

»Ich war nicht immer blind.«

»Oh.« — Sie hatte das Gefühl, eine wunde Stelle sei in ihrer linken Brustseite aufgebrochen.

»Erst vier Jahre.«

Sie setzte sich neben ihn.

»Vier Jahre schon?« fragte sie.

Er drehte sich nun ein wenig zu ihr. »Und morgen . . .«

Sie wußte, was er alles dachte. Und sie schämte sich, daß sie ihn ansehen konnte, ohne daß er es wußte, ohne daß er sich wehren konnte.

»Ich war schon bei einigen Professoren, auch im Ausland.«

Er brach ab.

Sie hielt den Kopf in der gleichen Richtung wie er. Und sie sah die kleinen Kinder in der Sandkiste, die fleißig Kuchen formten, was heute mit dem feuchten Sand besonders gut ging, sie sah die Mädchen, die Federball spielten, und die, die ihren weggewaschenen Tempel frisch mit Kreide zeichneten. Und hinter der Sandkiste die Buben mit dem roten

Ball, dann ein paar Blumen in einem Staudenbeet, gelb und blau, dahinter ein Stück Wiese mit jungen Bäumen und hinter diesen die Mustergartenanlage.

»Sprechen Sie nur«, sagte sie.

»Der Professor morgen . . . Er soll schon zweimal in ähnlichen Fällen Erfolg gehabt haben.«

»War es ein Unfall?« fragte sie.

»Eine Dummheit«, sagte er, »eine dumme Jungensache. — Wir hatten ein Geschoß gefunden.«

»Und es ist explodiert.«

Er nickte.

»Es war nicht meine Idee, aber das ist keine Entschuldigung. Ich hätte es nicht zulassen dürfen. Ein anderer hat eine Hand verloren.«

»Mein Gott«, sagte sie, »wie müssen Sie erschrocken sein.«

»Das war es ja, ich bin gar nicht erschrocken, es tat auch nichts weh. Als ich nichts sah, dachte ich, es ist nur vorübergehend. Denen am wenigsten geschehen ist, die haben am meisten geschrien.«

»Und wer bringt Sie morgen zum Professor?«

»Die Tante macht sich frei.«

»Werden Sie am Nachmittag zurück sein?«

»Ich weiß nicht.«

Sie wollte sagen, ›ich werde morgen ganz fest daran denken‹, aber sie verschwieg es.

»Möglich, daß sie mich gleich dort behalten«, sagte er.

»Möglich, daß sie mich auch gleich wegschicken.«

Ein kleines Mädchen kam und reichte Brigitte den Ball, dann stellte es sich anderthalb Meter von ihr auf und wollte den Ball auffangen. Brigitte warf den Ball. — »Ich muß mit einem kleinen Mädchen spielen«, erklärte sie, »ein blondes, kleines Mädchen, etwa vier Jahre alt, es will, daß ich mit ihm Ball spiele, aber ich höre Ihnen zu.«

»Wie heißt denn das Mädchen?« fragte er.

»Gabriele«, antwortete sie. »Gefällt Ihnen der Name?«

Er nickte. »Ist es ein dickes oder ein zartes Kind?«

»Ein zartes Kind«, sagte sie.

»Und der Ball?«

»Die Farbe?«

»Ja.«

»Da sind viele Farben. Er ist so ähnlich wie marmoriert, könnte man sagen. Blau, gelb, rot, und dann fließen die Farben ineinander, orange, grün, violett.« — Und wenn Sie gleich weggeschickt werden, wollte sie fragen, besteht dann keine Hoffnung?

Aber er sagte: »Wenn ich Glück habe, vielleicht sehe ich das bald. — Welches Kleid hat das Mädchen an?«

»Ein hellblaues, mit einer rosa Schürze. Dann hat sie weiße Söckchen an und braune Sandalen.«

»Ob sie mir die Hand gibt?«

»Gabriele«, bat nun Brigitte, »komm, gib schön die Hand.«

Gabriele kam sofort und reichte ihr die Hand.

»Nein, nicht mir, dem Herrn hier.«

Gabriele zögerte, und Jürgen lachte: »Herr!«

»Er ist sonst traurig«, sagte Brigitte zu Gabriele.

Da streckte das Kind die Hand aus, und weil Jürgen sie nicht gleich fand, führte Brigitte beide Hände zusammen.

»So klein«, sagte er.

Gabriele machte vor Verlegenheit einen Knicks, und Brigitte teilte ihm dies mit. Er lächelte und ließ die Hand wieder los.

»Wirfst du den Ball auch einmal zu mir?« fragte er die Kleine.

Brigitte hatte sofort ein ungutes Gefühl. Das konnte nicht gut ausgehen. Seine Brille konnte getroffen werden und selbst, wenn er nicht getroffen wurde, der Ball ihn verfehlte oder er mit seinen Händen den Ball, er würde unnötig gekränkt. Aber schließlich wollte er es selber so. Sie fragte lediglich: »Wäre es nicht besser, mit dem Ballspiel noch zu warten?«

Da hob die Kleine schon den Ball und warf ihn in seine Richtung, aber er griff ins Leere.

»Sie hat ihn schlecht geworfen«, erklärte Brigitte sofort.

Aber er schüttelte den Kopf, ließ das nicht gelten, fühlte den Käfig, in den er gesperrt war, wurde rot, wollte sich zu aller Qual noch selber quälen und sagte: »So, ich möchte jetzt wieder allein sein.«

Brigitte erhob sich zögernd, sie spürte das Gefährliche der Situation, daß er jetzt nicht allein bleiben durfte, und begann noch einmal: »Sie hat ihn wirklich schlecht . . .«

»Verstehst du nicht, ich möchte allein sein.« Er wandte sich brüsk ab.

Sie stand da, verletzt und gekränkt, überlegte, ob sie nun auch bös sein solle, aber sie kämpfte ihren Zorn nieder und sagte: »Ich bleibe in der Nähe.«

Die zwei Angler im Boot, der Mann mit dem Hund, das Bauernhaus, die beiden Schafe an der Hecke . . .

Sie fragte den Vater: »Was gibt es alles auf deiner Tasse zu sehen? Du darfst aber jetzt nicht erst hinsehen. Schau nur mich an und sag, was es alles auf der Tasse gibt.«

»Das werden wir gleich haben«, sagte Vater. »Da sind zunächst einmal Bäume auf der Tasse, und irgendwo ist auch ein Mann — und ein Fluß natürlich auch, ja, eine Kirche noch . . .«

»Und sonst?«

Der Vater hob den Kopf und schloß die Augen. »Bäume«, zählte er noch einmal auf, »ein Mann, der Fluß und am anderen Ufer die Kirche . . .«

»Mehr nicht?«

»Mehr fällt mir nicht ein.«

»Sieh dir an, was noch alles drauf ist.«

Der Vater wollte seine Tasse betrachten, aber Mutter sagte: »Also bitte! Ich bemühe mich, daß bei Tisch anständig gegessen wird und nun läßt sogar du dich ablenken.«

»Weißt du vielleicht noch etwas, was auf der Tasse ist?« fragte der Vater die Mutter.

»Ich hab' andere Sorgen«, antwortete sie. »Ganz andere Sorgen. Das kannst du mir glauben.«

Es wurde schweigend weitergegessen. Vater schien beleidigt zu sein, Mutter auch. Ursula sprach kein Wort, war aber nicht ganz anwesend.

Nach einer Weile konnte sich Vater nicht zurückhalten und sagte: »Schließlich sind wir hier in keinem Trappistenkloster — und haben nicht ewiges Schweigen gelobt.«

»Man könnte ja auch mich einmal fragen, was ich den ganzen Tag geleistet habe«, sagte die Mutter mit weinerlicher Stimme. »Aber mich fragt niemand. Hauptsache das Essen kommt auf den Tisch.«

»Wir wollen uns doch nicht vorrechnen, was der einzelne leistet. Ich wünsche ja auch keine Lobgesänge, weil ich das Geld ranschaffe.«

»Aber einmal könnte noch darüber gesprochen werden.«

Brigitte erhob sich, aber noch ehe sie etwas sagen konnte, begann Mutter: »Was ist, warum stehst du auf? — Du warst heute genug draußen, lerne lieber noch etwas. Außerdem hast du dein Brot nicht aufgegessen.«

Jetzt mischte sich Ursula ein. Sie wandte sich an Mutter: »Sag einmal, merkst du nicht, daß sie nichts essen kann, wenn hier am Tisch gestritten wird!«

»Wer streitet denn?« fragte die Mutter. »Kein Mensch

streitet. Es ist kein einziges böses Wort gefallen. Sie kann ruhig fertigessen.«

»Also iß auf!« rief der Vater streng.

Brigitte ließ ihren Blick von einem zum andern gehen. Die Mutter war ihr fremd, der Vater war es, wenn er böse wurde, nur mit Ursula fühlte sie sich verwandt. Aber auch nicht ganz wie mit einer Schwester, mehr wie mit einer Kusine.

»Wird es?« fragte der Vater.

Nein, das war nicht ihr Vater. Er war ihr fremder als irgendein Lehrer, fremder als irgendein Nachbar im Haus oder in den anderen Häusern.

»Du hättest sie heute beim Frühstück erleben sollen«, sagte Mutter. »Schon da hatte ich meinen Kampf.«

Brigitte begann das Bild verschwommen zu sehen. Den Vater wie hinter einer Fensterscheibe, an die es regnete, die Mutter, Ursula. Sie versuchte, das Weinen, das ihr in der Kehle saß, hinunterzuwürgen, versuchte krampfhaft zu lächeln. Aber da fiel wieder das Wort »Heim«, in das man sie geben, und daß man überhaupt einmal mit den Lehrern sprechen müsse. Angst schoß in sie ein, gerade jetzt, da sie in der Schule einmal vollkommen abwesend gewesen war und nicht einmal gewußt hatte, was der Lehrer sie gefragt hatte. — Und *er* ging morgen zum Professor, und der Professor war ein mächtiger Mann, denn er allein konnte die Prüfung, die Gott auferlegt hatte, beenden. Konnte sagen, es ist genug, die Hand vor seinen Augen wegnehmen und es wieder hell werden lassen. Aber all diese Gedanken hinderten sie nicht zu weinen, immer haltloser, aus immer größerer Tiefe, nicht nur vom Herzen und von der Lunge her, sondern noch tiefer, aus ihrem ganzen Körper heraus.

»Jetzt bist du wohl zufrieden?« hörte sie den Vater ferne fragen.

Und die Mutter fragte zurück: »Habe ich ihr das etwa geschafft?«

»Laßt sie endlich in Ruhe!« schrie nun Ursula. »Ihr quält sie immerfort, jawohl, ihr quält sie!« Und dann schrie sie: »Ja, schlag nur zu, denn das ist dein einziges Argument.«

Und Brigitte fühlte sich emporgezogen und aus dem Zimmer geführt, stolperte über einen Schuh im Flur, saß auf ihrem Bett, fühlte einen Arm um ihre Schulter, hörte die Stimme der weinenden Schwester, die sie aufforderte, nicht mehr zu weinen.

»Wein' nicht, Mücke«, bat sie und schluchzte. »Wein' nicht, ich weiß, du kannst nichts dafür. Aber wein' nicht.«

Draußen ein erregter Wortwechsel zwischen den Eltern. Die Fenster wurden laut geschlossen, um Zuhörer auszuschließen, dann Türenknallen. Die Wohnzimmertür, die Schlafzimmertür und die Wohnungstür. Das bedeutete, daß sich Mutter mit Kopfschmerzen ins Bett legte und morgen krank sein würde, daß der Vater die Wohnung verlassen hatte und mit dem Auto irgendwo hinfuhr. In ein, zwei Stunden würde er auftauchen und sicher im Wohnzimmer schlafen.

Brigitte fühlte sich gezwungen zu erklären, daß sie nichts essen könne, wenn geschimpft oder gestritten wurde, und die große Schwester verstand das. — »Jeder kann es sehen«, sagte sie. »Ich spüre förmlich, wie sich dein Magen zusammenzieht. Ich weiß, wie dir ist«, sagte sie. »Kleine, ich weiß doch ganz genau, wie dir ist. Aber wein' nicht.« — Und dann schimpfte sie: »Immer wieder sagen sie im Radio, nach einem Krach soll man nicht Auto fahren, und er fährt weg. Und dann verlangen sie noch, daß wir sie uns zu Vorbildern nehmen. Dabei gehören sie selber in eine Erziehungsanstalt.«

Ursula stand auf und öffnete das Fenster.

Brigitte rieb sich die Augen und schnaubte in das Taschentuch. »Sitzt er noch draußen?« fragte sie.

»Nein, es sind nur noch ein paar Kinder da.«

Da weinte Brigitte von neuem los.

»Mücke«, bettelte die Schwester, »ich bitte dich, hör auf. Warum weinst du denn?«

»Weil ich ihm nicht einmal alles Gute für morgen wünschen konnte«, sagte sie.


Wenn Gott, der Prüfungen auferlegte, sich darum kümmerte, daß ein junger Mann namens Jürgen geprüft wurde, vielleicht konnte er dann auch so viel Zeit aufbringen, um zu sehen, daß sie beim Frühstück keine Butter aufs Brot strich, sondern nur die Johannisbeermarmelade nahm, eine Marmelade, der sie sonst in großem Bogen aus dem Weg ging. Und vielleicht achtete er auch darauf, daß sie schnell aß, daß sie vor dem Frühstück schon das Zimmer gelüftet hatte und zweiundzwanzig vor acht aus dem Haus ging, was eine reichlich rechtzeitige Ankunft in der Schule verhieß.

Sie bemühte sich mit allen Kräften, die sie aufbringen konnte, aufmerksam zu sein, was sie freilich nicht hinderte, manchmal an die Lage des jungen Mannes zu denken, der heute vom Professor untersucht werden sollte.

In der Zehnuhrpause schenkte sie ihr Wurstbrot her, einem Mädchen, das nur Margarinebrote von daheim mitbekam, um zwölf gab sie einem anderen armen Mädchen, ja, die gab es noch in ihrer Klasse, ihre Banane.

In den Pausen versuchte sie aber darüber hinaus, mit Gott in Verbindung zu treten, das heißt, sie wollte von ihm erhört werden. Sie bestürmte ihn mit stummen Worten, redete auf ihn ein, erklärte ihm klipp und klar, daß es jetzt genug sei, und fand heraus, daß diese Welt ja von ihm letzten Endes so angelegt worden sei, daß in ihr nur die Sehenden vollends daheim waren. Ja, daß es gar nicht in seinem Interesse liegen konnte, einige Leute von der Betrachtung seiner Werke auszuschließen. Wozu hatte er alle Farben gemacht, alle Formen ersonnen, wenn nicht für das Auge, das die Farben auseinanderhalten und die Formen unterscheiden konnte? Eine Welt in Schwarz-weiß hätte es ja dann auch getan.

Gott war ihr Zeuge, daß sie an diesem Tag schnell dem Daheim zustrebte, schweigend übrigens, um auch hier noch eine kleine Leistung zugunsten des blinden Jürgen zu erbringen. Sie würgte ihr Essen hinunter, so schnell wie es Mutter wünschte, und bekam sogar ein Lob von ihr. Ein »siehst du, du kannst ja« und ein flüchtiges, allzu flüchtiges Auflegen der mütterlichen Hand auf ihr Haar. Dann spülte sie das Geschirr allein, unaufgefordert, ja, ungebeten, sie spülte es mit sehr heißem Wasser, das sofort die Hände rötete, das aber dem Porzellan jenen Glanz verlieh, den die Mutter so liebte. Am liebsten hätte Brigitte die Decke der Küche und das darüberliegende Dach weggerissen, damit Gott sie sehen konnte, wie sie ihre Hände in das fast kochende Wasser tauchte. Und da das Geschirr heiß aus dem Wasser kam, war es auch bald trocken, und sie konnte es fast in einem Arbeitsgang wegräumen. Dann noch das Pult gewischt und die Platten des Elektroherdes, der Fliesenboden gefegt und ebenfalls gewischt. Es war eine strahlende Küche, die sie zurückließ, sauber wie ein Operationssaal in einem Privatsanatorium, nicht wie in einem gewöhnlichen Spital für Krankenkassenmitglieder. Eine Küche, wie sie im Fernsehen gezeigt wurde, wenn irgendein patentiertes Putzmittel alles von selbst gereinigt hatte, vor den Augen der immer lächelnden, immer hübschen und immer nichtstuenden, immer jungen Hausfrau.

Schnell ein Blick auf den Hof hinaus, auf seinen Platz, aber er war noch nicht da, es hatte sich noch nichts entschieden. Vielleicht war er noch in der Klinik, bei dem berühmten Professor, vielleicht hörte er gerade die Entscheidung des Professors, das Urteil. Im Namen der Republik, oder des Volkes, oder im Namen Gottes. Eine Begnadigung oder eine Verurteilung zu lebenslänglicher Blindheit.

Gewiß, es war eine Riesendummheit gewesen, mit der gefundenen Granate zu experimentieren, aber war die Strafe verdient, stand die Prüfung in einem Ausmaß zu dem, was er aus Ungehorsam getan hatte? Bis vor kurzem hatte sie noch gefunden, daß auf dieser Welt, abgesehen von ein paar Ungerechtigkeiten der Eltern oder der Lehrer, alles ganz gut und schön eingerichtet war. Wer schlimm war, wurde bestraft, wer brav war, belohnt. Nicht immer in dem Ausmaß, wie man es verdient hatte, aber doch in ausgleichender gerechter Weise. Und nun wurde einem Jungen, der damals nicht viel älter gewesen war als sie, für eine Ungehorsamkeit eine derart schwere Prüfung auferlegt. Und wie war es mit den anderen Blinden, die gar nicht erst zum Sehen kamen? Mit denen, die taub und stumm waren, die mit diesen Gebrechen das Licht der Welt erblickten. — Das Licht der Welt? — Oder das Dunkel der Nacht. — Wie hatte Gott sie ausgesucht, nach welchem System ging er vor?

Aber Brigitte wollte an diesem Tag die Aufgaben besonders schnell und gründlich und in schöner äußerer Form hinter sich bringen. Sie brauchte den freien Nachmittag, damit sie sich mit ihm freuen konnte, wenn der Professor entschieden hatte, daß ihm noch zu helfen war, und damit sie ihn trösten konnte, wenn der Professor nur bedauernd den Kopf geschüttelt hatte.

Draußen spielten die Kinder, riefen nach ihr, aber sie trat nicht ans Fenster, sondern arbeitete, reihte Zeile an Zeile.

»Laßt die Räuber durchmarschieren, durch die goldne Brücke . . .«

Sie steckte die Finger in die Ohren, suchte etwas später gemeinsame Nenner für Bruchrechnungen, $7/8 + 6/32 - 3/12$ ist gleich . . .

»Ist die schwarze Köchin da? — Da ist sie ja, da ist sie ja.«

Wer war die schwarze Köchin? — Gabriele war die schwarze Köchin. Und sein Platz war immer noch leer. — War er noch in der Klinik, oder war er schon auf dem Weg hierher? Saß er vielleicht hoffnungslos in der Straßenbahn und weinte?

Ja, wie war das, konnte er noch weinen? Sie hatte nie gewagt, hinter seine Brille zu schauen, im Gegenteil, sie hatte eine gewisse Scheu davor gehabt, Angst sogar, die Brille würde einmal herunterfallen und der Anblick sie erschrecken. Sie wollte nicht sein Gesicht sehen, solange er blind war.

Was war der gemeinsame Nenner von . . .?

»Was ist nur heute in dich gefahren?« fragte Ursula plötzlich.

Sie zuckte zusammen. »Wieso?«

»Du bist ganz anders.«

»Anders?« fragte sie zurück und wollte nicht verraten, worum es heute ging. — »Ich möchte dann hinaus«, sagte sie, als treibe es sie nur zum Spiel.

Die Schwester schüttelte den Kopf und arbeitete weiter. Nach einer Weile fragte sie: »Übrigens, wo ist er heute?«

»Wer?«

»Wer schon! Du weißt doch ganz genau, wen ich meine.«

Da konnte sie es nicht mehr verheimlichen, sie erzählte von dem furchtbar wichtigen Tag, der heute war, von dem Tag, der alles entschied.

Und Ursula, der sonst nichts so schnell imponierte, sagte: »Mein Gott, solch einen Tag möcht ich nicht erleben. Wenn ich mir vorstelle, vor einen Menschen zu treten, der über einen den Stab brechen kann, viel unbarmherziger als ein Richter, ein Spruch in letzter Instanz . . .«

Brigitte bewunderte ihre Schwester. Wie erwachsen sie schon wirkte, wenn sie mit ihr allein war, und wie sie sich ausdrückte, obwohl sie keine gute Note in Deutsch hatte. Einen Augenblick lang hatte sie das Gefühl, auf einer Bühne vor unsichtbaren Zuschauern zu sitzen.

»Und er hat es dir gesagt?«

»Ja, gestern.«

»Und war er sehr aufgeregt?«

»Möglich, daß er sehr aufgeregt war. Aber man sieht es nicht, die dunklen Spiegelgläser sind sehr groß, und sein Gesicht bewegt sich eigentlich nur um den Mund herum.«

Die Schwester schien nachzudenken.

Draußen rief ein Bub: »Dreißig, vierzig, fünfzig, sechzig, siebzig, achtzig, neunzig, hundert! Hinter mir, vorder mir, rechts, links gilt. Ich komme!«

»Vielleicht weiß er es jetzt schon«, sagte Ursula. »Oder glaubst du, man sagt es ihm nicht direkt? Man läßt ihm vielleicht noch die Hoffnung. Sagt, nächstes Jahr, oder in zwei Jahren, und zwinkert dabei der Tante zu. Nein, ich möchte so etwas nicht erleben.«

»Ich muß mich beeilen.« — Brigitte beugte sich über das Heft und suchte die letzten gemeinsamen Nenner. Dann konnte sie hinaus und warten. Am Abend mußte sie dann nur noch ein englisches Kapitel lesen, das sie morgen möglicherweise nachzuerzählen hatte.

Ursula hatte den Füller zugeschraubt und drehte ihn zwischen beiden Handflächen hin und her. Sie betrachtete ihre Schwester wie einen Menschen, den sie nicht kannte. Das Kind, wie die Mutter immer sagte, zitterte für einen Fremden, den sie nicht einmal liebte. Sie war die Schwester, sie wußte das. Wenn Thomas, ihr Thomas, die dunkle

Brille getragen hätte, und sie, Ursula, hätte um ihn gezittert, das wäre etwas ganz anderes gewesen. Sie war kein Kind mehr und Thomas schon fast achtzehn. Sie waren miteinander auf Partys gewesen, hatten miteinander getanzt, waren miteinander beim Segeln und Schwimmen gewesen, es war etwas ganz anderes. Aber dieses zarte blonde Ding mit den großen traurigen Augen, warum zitterte sie für einen Burschen, mit dem sie nur ein paar Worte gewechselt hatte?

Sie ist aus dem Stoff gemacht, dachte sie, aus dem Menschen werden, die sich für andere aufopfern. Sie hätte sich nicht gewundert, hätte ihre Schwester gesagt, einmal werde ich in den Kongo gehen, oder nach Vietnam oder nach Indien, wo immer noch die Menschen verhungern. — Komisch, dachte Ursula, und Mutter beklagt sich immer, daß sie noch ein Kind ist.

Nun stand Brigitte auf, stellte ihre Schulmappe in den offenen Schrank neben dem Tisch, wartete eine Weile an der Tür, als könnte sie sich nicht entschließen, was sie machen sollte. Schließlich sagte sie: »Bitte, sieh noch einmal hinaus, ob er schon da ist.«

Ursula fand es ganz selbstverständlich, daß sie sich erhob und ans Fenster trat. — Da saß er auf seiner Bank, aufrecht wie immer, er schien nicht glücklicher und nicht unglücklicher zu sein als die Tage vorher, soweit die dunkle Brille überhaupt eine Deutung zuließ. Sie räusperte sich und sagte: »Ja, jetzt sitzt er unten.«

Brigitte wurde blaß. »Dann gehe ich jetzt hinunter«, sagte sie mit tonloser Stimme, blieb aber neben der Tür stehen. »Was meinst du«, fragte sie noch, »kann ich ihn so ohne weiteres fragen?«

»Wenn er dich ins Vertrauen gezogen hat.«

»Also dann gehe ich.« — Sie stand noch eine Weile unentschlossen, dann drehte sie sich plötzlich zur Tür um, riß sie auf, rannte durch den Flur, warf die Wohnungstür hinter sich zu, stürzte die Treppe hinunter und hielt dann vor der Haustür ein.

Sie hörte ihren Herzschlag in den Ohren, fühlte, wie sich ihr Magen zusammenzog, ihre Beine plötzlich gelähmt waren. Sie hatte zum erstenmal Angst vor der Wirklichkeit, die grausam und ohne Hoffnung sein konnte. Und es stimmte nicht, daß es nur die Wirklichkeit eines anderen Menschen war. Es war die ihre. Sie war nicht ausgeschlossen davon. Sie fragte sich: Was sage ich, wenn der Professor herausgefunden hat, daß ihm nicht mehr zu helfen ist? Sie wußte, sie würde, obwohl sie darauf vorbereitet war, zutiefst erschrecken.

In ihrem Kopf fuhren die Gedanken Karussell. Und wie es sich für ein Karussell gehörte, kamen bestimmte Gedanken immer wieder. Eine Umdrehung, und sie dachte, soll ich vielleicht zuerst ein wenig spielen, eine weitere, oder soll ich nur hingehen und ganz leicht sagen, hallo, ich bin da? Und wieder eine Umdrehung, was hat der Professor gesagt?

Sie machte ein paar Schritte in seine Richtung, zögerte, zählte die Kleinen, die da waren, die selbstvergessen spielten, als gäbe es nicht diese furchtbare Spannung in diesem Hof, als wäre der Augenblick ohne Bedeutung, ihre Umgebung ohne Schicksal.

Sie stand auf einer Eisscholle und sollte ins Nordmeer springen, oder am Rand eines Kraters, und sie mußte durch die wabbernde Hitze über der Glut.

Oben stand Ursula am Fenster und winkte ihr unauffällig mit der Hand. Brigitte liebte plötzlich ihre Schwester, wie sie sie noch nie geliebt hatte, weil sie die einzige war, die es wußte, die es verstand, die mit ihr fühlte.

Ursula nickte ihr zu, kaum merklich, aber Brigitte wußte genau, was sie damit sagen wollte. Sie sagte, geh, fürchte dich nicht, geh hin und frage ihn, ganz gleich, was er antwortet. Sie sagte mit diesem Nicken, du kannst dieser Antwort nicht ausweichen, du kommst nicht mehr um sie herum. Du hast die Frage in dein Leben eingelassen, du bist zur Antwort verpflichtet.

Der Kies knirschte unter ihren Schuhen. Und sie hörte dieses Geräusch nicht als etwas, das außen geschah, auf dem Boden, über den sie ging, sondern das Geräusch stieg durch ihre Beine hoch, durch den ganzen Körper, der ihm Resonanz verlieh. Es war, als hätten ihre Fußsohlen Ohren.

Mit zitternden Knien stand sie schließlich vor ihm, mit einem Hals wie im Schraubstock, unfähig, der Lähmung ihrer Zunge Herr zu werden. Sie räusperte sich, und er sah auf. Das stimmte ja nicht, wie konnte er aufsehen? Er hielt nur sein Gesicht in die Richtung des ihren, auf seiner Stirn wurde es unruhig, da sagte sie mühsam: »Ich bin's, Brigitte, guten Tag.«

Er hielt ihr die Hand hin, und allein das rührte sie. Die Hand irrte unsicher vor ihr umher, und sie ergriff sie, um ihr Ruhe zu verleihen und fragte: »Darf ich mich ein wenig setzen?«

Er nickte. »Ich war gestern nicht nett, ich möchte mich entschul . . .«

»Aber das war doch nichts«, fuhr sie dazwischen. »Das ist doch nicht der Rede wert.«

»Es war nur die Aufregung«, redete er weiter, »ich hatte solche Angst vor heute, und dabei . . .«

»Dabei?« fragte sie fast schrill.

»War alles umsonst.«

Umsonst also. — Sie verblutete nicht, aber trotzdem fühlte sie, wie das Leben aus ihr zu Boden strömte, sie mußte sich an die Bank klammern, damit sie nicht mit hinabgezogen wurde, aufgesogen von der Erde unter dem Kies. Ausgelöscht ohne Rest.

»Der Professor nämlich . . .«

»Der Professor?« hauchte sie.

»In einem chemischen Betrieb, in einem Laboratorium, hat es eine Explosion gegeben, und da war er vollauf beschäftigt.«

»Beschäftigt.«

Er nickte. »Ich komme erst nächste Woche wieder dran.«

Soviel Luft, wie sie atmete, hatte nicht Platz in ihren Lungen.

»So hab' ich noch eine Woche«, meinte er nachdenklich. Dann lächelte er, ohne den Mund zu verziehen: »Galgenfrist.«

Brigitte führte den Großvater in das Wohnzimmer und bot ihm Platz an.

»Wo ist deine Mutter?«

»Sie ist einkaufen.«

»Und Ursula?«

»Bei einer Freundin.«

»So.« — Er überlegte, dann lächelte er. »Tja, es war eine angenehme Gesellschaft beim Millionär«, sagte der Großvater. »Links von mir Camembert von Emmental, rechts der Herzog Wurzelstock-Walderrode, ein Graf Freutz-Bleutz-Schneutz, der Baron von der Handindenmund und . . .«

»Was gab's zu essen?« fragte Brigitte zerstreut.

»Schinkenrouladen in Dukatensoße mit zartem Hundertmarkscheinsalat, Aktienbraten mit Renditeklößchen und Brillantenkompott . . .«

»Und?«

»Junge Goldbarren in Madeira. Das war alles.« — Der Großvater betrachtete Brigitte eine Weile, dann fragte er: »Kind, du hörst mir gar nicht ordentlich zu.«

»Doch«, sagte sie, »erzähle weiter.«

Er nahm noch einmal einen Anlauf, holte einen Mariatheresientaler aus der Tasche und sagte: »Den hab' ich dir mitgebracht. Wir bekamen alle so viel mit, wie wir nur tragen konnten, aber es begegneten mir ein paar arme Teufel, die es bisher nur zu neunhundertneunundneunzigtausendneunhundertundneunundneunzig Mark gebracht haben und also keine Millionäre waren. Darunter litten sie so sehr, daß ich es nicht mit ansehen konnte. Es war übrigens auch ein Mann dabei, der nur eine halbe Million hatte. Er sagte, daß es furchtbar sei. Stell dir vor, vom Scheitel bis zur Sohle senkrecht durchgeschnitten, ist die eine Hälfte von ihm wie die eines Millionärs, die andere aber ein armer Teufel. Er sagte mir, daß er immer wechselt, einmal ist die eine Hälfte der Millionär, einmal die andere, aber er hat immer Schwierigkeiten, keine Hälfte möchte der arme Teufel sein . . . — Engelchen, du hast etwas! Du hörst mir ja kaum zu. Sag, was dich bedrückt. Hat es wieder Krach gegeben?«

Sie schüttelte den Kopf.

»Sag mir, was du gedacht hast«, bat der Großvater, »dann ist es raus.«

»Es ist gar nichts«, sagte sie.

»Und das Stück Nordpol?«

»Das hab' ich ganz vergessen. Sicher ist es geschmolzen.«

»Also keine Eiszeit?«

»Noch nicht«, sagte sie.

»Und du willst mir nicht sagen, was dir fehlt, auch wenn ich dir's nicht schenken oder besorgen kann?«

»Kannst du dich an den jungen Mann erinnern, mit der dunklen Brille? Neulich am Sonntag?«

»Der Agent, der meine Knöpfe zählen sollte.«

»Ja. Er konnte sie nicht zählen.«

Der Großvater lachte noch. »Haha. Kann er etwa nicht bis drei zählen?«

»Er kann die Knöpfe nicht sehen. Er ist blind.«

»Jetzt fällt es mir ein, du hast es schon gesagt. Ich hab's total vergessen. Aber wieso ist er blind?«

Sie erzählte ihm die Geschichte, obwohl sie ihm kaum verzeihen konnte, daß er das vergessen hatte. Und als sie fertig war, sagte Großvater: »Jetzt ist mir alles klar. Da hätte ich gleich mit meinen ganzen und halben Millionären einpacken können. Und ich dachte, wenigstens der Graf Freutz-Bleutz-Schneutz würde dir gefallen.« — Der Großvater erhob sich und sah in den Hof hinunter.

»Wo steckt er denn heute?«

»Seine Eltern sind hier. Sie sind mit ihm irgendwohin gefahren. Ich weiß nicht, wohin. Hast du übrigens schon eine Blindenuhr gesehen?«

»Gibt es das?«

»Man kann den Glasdeckel hochklappen und dann tasten, wo die Zeiger stehen.«

»Ich erinnere mich, solch eine Uhr in einem Schaufenster gesehen zu haben. — Aber wenn ich's recht überlege, ich meine, ich will dir natürlich keine Vorschriften machen, aber machst du dir nicht ein wenig zuviel Sorgen? Ich meine, du bist noch so jung, belastest du dich nicht zu sehr damit? Es ist nun einmal geschehen, und natürlich ist es furchtbar, das steht außer Frage, aber was nützt es, wenn du nun mit ihm zitterst? Du siehst sowieso so schmal aus, du bist ohnehin keine Riesin. Ich meine, ich meine es nur gut mit dir. Ich will dir nichts ausreden, nur zu bedenken geben, damit du es selbst überlegst, verstehst du?«

Sie betrachtete ihren Großvater und fühlte zum erstenmal, daß er ihr fremd war, oder besser gesagt, er war aus ihrer

Nähe gerückt. Er war fast wie die anderen Erwachsenen. Er verstand gar nicht, worum es ging. Es ging ja nicht um sie, sondern es ging um Jürgen, und es ging darum, ganz inständig zu wünschen, daß er wieder sehen könne. Sie mußte so leben, damit das wieder gelang, alles so tun, daß sie sich später keinen Vorwurf zu machen brauchte. Sie hätte das alles erklären können, aber sie war nicht sicher, daß er es verstanden hätte.

»Angenommen«, redete der Großvater weiter, »angenommen der günstigste Fall, der Professor untersucht ihn und entschließt sich, ihn zu operieren. Angenommen, wir bleiben immer beim günstigsten Fall, der junge Mann wird sehen. Was wird dann sein? Er wird seine Siebensachen packen und nach Hause fahren, wird weiter lernen, einen Beruf ergreifen wie alle anderen Menschen.«

Das war es, der Großvater konnte sich nicht vorstellen, daß einer, der blind gewesen war, ein anderer Mensch werden würde, wenn er wieder sehen konnte. Daß er alles anders anschauen mußte als vor seiner Blindheit, anders als einer, der immer gesehen hatte. Einer, der blind gewesen war, mußte doch spüren, daß es etwas ganz Außerordentliches war, sehen zu können. Sollte sie etwa nicht wünschen, daß er wieder sehen konnte? Aber darüber konnte sie nicht mehr mit dem Großvater sprechen, er sah das alles ganz anders. Aus einer anderen Richtung. Er würde sicher auf dem Heimweg nicht die Augen schließen und sich an der Mauer entlangtasten. Würde morgen nicht aufstehen, mit geschlossenen Augen den Weg zum Bad suchen und plötzlich ganz innen erschrecken vor der Möglichkeit, daß er wirklich blind sei, die Augen aufreißen, voll Angst, es könnte dunkel bleiben.

»Nehmen wir den ungünstigsten Fall an«, sagte der Großvater, »den allerungünstigsten. Der Professor untersucht ihn nur kurz und zuckt dann bedauernd mit den Achseln. Nichts zu machen, leider. Auch dann wird er weggehen, und niemand wird ihn trösten können. Aber ich fürchte, daß dich das zu sehr erschüttern wird, Kind. Du bist kein Gefühlsathlet, du kannst diese Last nicht tragen und nicht fortwerfen.«

Sie lächelte. »Erzähl mir noch etwas, solang wir allein sind.«

Er beobachtete sie mißtrauisch, wollte schon fragen, willst du nur, daß ich aufhöre, überlegte, ob er einen Herzog oder den Engel bemühen sollte, der sich immer auf sein Fensterbrett setzte, wenn er gerade ein wenig Zeit hatte oder wenn er müde war. Einen Engel, den Brigitte bereits kannte. Agatha hieß er. Er hätte auch von der Wildwasserfahrt in der Dachrinne berichten können, in einem Kajak. Von dem Freund, der aus Spinat Blumen gezüchtet hatte, die nach Spiegeleiern und gebratenem Speck dufteten, falls man die richtige Nase hatte. Vom Seehund in der Waschmuschel, der immer auftauchte, wenn er sich die Zähne putzte, und einen Schluck Mundwasser haben wollte, manchmal allerdings auch einen Rollmops begehrte.

Aber ehe er sich entschließen konnte, kehrte seine Tochter zurück, und die liebte seine Geschichten nicht. Und außerdem war Brigitte ans Fenster gegangen und rief: »Er sitzt wieder unten. Sicher sind seine Eltern schon nach Hause gefahren.«

Natürlich stürzte Brigitte nicht weg von ihm, dazu war sie zu gut erzogen. Aber sie war nicht mehr recht da, sie hatte sich entfernt. In ihren Gedanken saß sie schon unten auf der Bank im Hof, neben dem blinden jungen Mann. Was konnte er da anders tun, als sie nicht zu quälen und zu sagen: »Geh ruhig hinunter, mein Kind. Ich will sehen, ob ich deiner Mutter in der Küche etwas helfen kann. Vielleicht erzähle ich ihr die Geschichte von dem halben Millionär.«

Und er sah zu, wie Brigitte aus dem Zimmer lief, und sagte sich, du bekommst sie nie mehr wieder.

»Wen hast du jetzt gegrüßt?« fragte Jürgen.

Und sie nannte den Namen, »Frau Mühlherr, eine Witwe«. Sie schilderte sie ihm. Eine kleine, fast dicke Frau, die mit einer schwarzen Ledertasche einkaufen ging. Sie watschelte dann ein bißchen, denn die Ledertasche war fast zu groß für sie, und sie kaufte immer zu viel, und so mußte sie schwer tragen und watschelte noch mehr. Diesmal hatte sie aber keine Einkaufstasche mit, sondern nur eine Handtasche. Sie hatte auch ein Sonntagskleid an. Vielleicht, daß sie in der Kirche gewesen war, oder auf Besuch, oder im Stadtzentrum.

Manchmal hatte sie gedacht, er höre nicht zu, wenn sie ihm etwas erzählte. Aber er merkte sich jede Einzelheit ihrer Schilderung. Zum Beispiel, welches Muster der Stoff ihres Kleides hatte. Er merkte sich Marke, Typ und Farbe der Autos, deren Besitzer sie ihm genannt hatte. Er kannte bald verschiedene Familienverhältnisse, Namen und Alter der Kinder, wußte, welche Schule sie besuchten. Es war ihm ein leichtes, das alles zu behalten. Und wenn sie sich wunderte, lächelte er und war stolz.

Später erkannte er einige Leute schon an ihren Schritten, ganz gleich, ob sie auf dem Betonweg oder über den Kies des Spielplatzes gingen.

Zuweilen lehnte er sich zurück und fragte: »Wie sieht der Himmel aus?«

Und sie schilderte ihm den Himmel, sagte, daß er wolkenlos oder zur Gänze bedeckt sei, schätzte, wenn er nur bewölkt war, in welchem Verhältnis die Wolken zum blauen Himmel standen. Und manchmal dachte sie, wenn ich einmal erwachsen bin und vielleicht Kinder habe, werde ich ihnen erzählen, daß mir ein Blinder das Sehen beigebracht hat.

Er aber dachte heute an seine Eltern. Erst in der Nacht würden sie heimkommen. Und am Montag dann . . .

Was war am Montag?

Am Montag würde Vater seinen Wagen verkaufen.

»Ach«, sagte sie.

Damit gleich Geld da sei. Für die Operation.

Aber es war doch noch gar nicht sicher, daß er operiert würde, oder hatte sich etwas Neues ergeben?

»Nein«, sagte er, »aber Vater ist da eigenartig. Er möchte so eine Art Vorleistung erbringen. Er sagt, es macht ihm nichts aus, den Wagen wegzugeben.«

Aber nun seien eben die ganzen Ersparnisse fort, und das alles nur, weil er zu feig gewesen war zuzugeben, daß er sich fürchtete. Denn in Wirklichkeit war es so. Er hatte eine unheimliche Ahnung gehabt, als sie das rostige Ding gefunden hatten. Er hatte schon in den Zeitungen gelesen, daß man solche Körper nicht einmal anfassen solle. Er sagte es auch den anderen, aber die hatten bloß gelacht. — Feig! hatten sie gerufen. Du bist nur zu feig! — Und er war zu feig, um zu sagen, das ist keine Feigheit, das ist Vernunft. Ja, er war zu feig, um sie Idioten zu nennen oder zumindest eine Rauferei zu beginnen, dann hätte er ruhig gehen können. Aber nein, er war geblieben. — Jürgen beugte sich vor und stützte den Kopf in die Hände.

»Und die Eltern, haben die arge Vorwürfe gemacht?«

Er schüttelte den Kopf. »Kein einziges Wort. Keine einzige Frage, und dabei hatten sie mich mehrere Male gewarnt. Sie haben auch nie darüber geredet, was sie das alles gekostet hat.« — Nur durch Zufall erfuhr er einmal, daß Mutter das bißchen Schmuck, das sie geerbt hatte, verkauft habe. — Und jetzt wollte Vater den Wagen verkaufen.

»Meiner täte das sicher auch für mich«, sagte sie. »Oder für meine Schwester.« — Und Mutter, so gereizt sie auch manchmal war, in einem solchen Fall würde sie ihr wohl keine Vorwürfe machen, das wußte sie. — Jetzt mußte sie ihm nur noch sagen, daß sie morgen nicht dasein würde, daß sie aber auf eine Rückkehr am frühen Nachmittag hoffe.

»Macht ja nichts«, sagte er. — Er würde ein bißchen Radio hören und mit der Tante sprechen, obwohl die sehr schweigsam war. Und dann konnte er ja hier sitzen, auf der Bank, und auf sie warten.

Am liebsten hätte sie ja irgendein Unwohlsein geheuchelt, um zu erreichen, daß sie daheim bleiben konnte. Aber Jürgens Vater würde seinen Wagen verkaufen, und sie hatte sich vorgenommen, folgsam zu sein. Daß sie mit geschlossenen Augen am Fenster sitzen würde, brauchte ja niemand zu sehen und niemand zu wissen, nicht einmal er. Oder sollte sie lieber die Augen offenhalten, um ihm von der Fahrt berichten zu können?

Auf der Straße, die von Sträuchern verdeckt war, kam ein Wagen an. Jürgen hielt den Kopf etwas zur Seite und sagte: »Ich glaube, das ist dein Vater.«

Sie wandte sich um, stand auf, um besser sehen zu können. Ja, er hatte recht. Und sie bewunderte ihn. »Wie kann man das nur hören?«

»Es ist ganz einfach. Er hat den gleichen Wagen wie mein Vater. Da kennt man nun einmal das Motorengeräusch.«

»Toll!« rief sie.

»Das ist nichts«, sagte er, »das erkennen Hunde auch.« — Ja, und dann müsse man nur noch die Eigenart des Fahrers kennen. Ihr Vater ließ den Wagen nur noch ausrollen und bremste ganz sacht. Sicherlich nahm er mindestens schon hundert Meter vorher den Fuß vom Gaspedal. Andere wieder vom Gaspedal direkt auf die Bremse stiegen, der

Vater Gabrieles zum Beispiel. Und dann, wie sie die Türen zuwarfen. Auch daran konnte er sie unterscheiden.

Sie betrachtete ihn wie ein Wunder, versuchte hinter seine Stirn zu sehen, um das Besondere an ihm festzustellen, das, was ihn von anderen unterschied. Aber da war nichts zu sehen, auch an den Ohren nicht. Und sie hätte mit geschlossenen Augen nie Autos auseinanderhalten und dazu noch die Fahrer unterscheiden können.

Bei Tisch erzählte sie davon. Aber nur Ursula hörte zu, Großvater tat wenigstens so, als wäre er interessiert.

Vater sagte in einer Pause: »Erinnere mich, daß ich den Wecker um eine Stunde früher stelle. Morgen soll uns niemand zuvorkommen.«

»Sein Vater verkauft den Wagen, nur damit er operiert werden kann«, berichtete Brigitte.

»Kinder kosten eben Geld, noch dazu ungehorsame«, sagte die Mutter. »Ich weiß nicht, was an diesem Burschen ist, daß sie ununterbrochen von ihm spricht.«

»Er ist hilflos, und sie hat ein gutes Herz, so einfach ist die Erklärung.« — Der Großvater schickte ein Lächeln zu seiner Tochter hinüber, aber sie erwiderte es nicht.

»Wenn er auf seine Eltern gehört hätte«, erklärte sie, »wenn er ihren Ratschlägen gefolgt wäre, dann müßte er nicht so zum Gotterbarmen draußen auf der Bank sitzen.« — Mutter bekam rote Flecken an Hals und Wangen. Sie erzählte gerne solche Geschichten, in denen Kinder ins Unglück stürzten, nur, weil sie ihren Eltern nicht gehorchten.

»Erinnere mich, daß ich morgen den Fotoapparat mitnehme«, sagte Vater und strich Butter auf eine neue Scheibe Brot. Er hatte das vollkommen gedankenlos gesagt wie die Aufforderung, den Wecker früher klingeln zu lassen, und niemand wußte, wer sich angesprochen fühlen sollte.

»Ich habe nämlich noch vier, fünf Bilder auf dem Film, und ich möchte, daß er endlich mal entwickelt wird«, erklärte er dem Großvater.

»Er könnte sehen wie alle anderen«, fuhr die Mutter fort, »er könnte Fußball spielen, wandern, lernen, sich des Lebens freuen, wenn er nur gehorcht hätte.«

»Ja«, sagte Ursula, »wir haben es schon gehört, und verstanden haben wir's auch.«

»Sei nicht frech zu deiner Mutter!« mahnte der Vater. Aber er war beim Ausflug und fragte, ob das Sonnenöl gekauft worden sei.

Verlegene Blicke dahin und dorthin. Nein, niemand hatte es gekauft.

Der Vater schien nach Worten der Entrüstung zu suchen, der Sonntag warf seine Schatten voraus, obwohl noch nicht einmal so sicher war, daß die Sonne scheinen würde. Um die Situation nicht zu turbulent werden zu lassen, wandte sich der Großvater an Brigitte: »Womit können Blinde eigentlich ihr Geld verdienen. Hat er dir vielleicht gesagt, was er werden möchte?«

Brigitte schüttelte den Kopf.

»Da gibt es mehrere Möglichkeiten«, begann der Vater aufzuzählen. »Wir hatten einmal einen Blinden in der Telefonvermittlung, der war sehr tüchtig. Dann früher, wo wir wohnten, da war einer sogar Geschäftsmann. Rauchwaren. Der hatte sein Fingerspitzengefühl derart verfeinert, daß er schon beim bloßen Anfassen einer Banknote wußte, wieviel Geld er da in der Hand hatte. Manchmal war ich schon drauf und dran, ihn zu fragen, wieso er das sofort wisse, er hatte den Geldschein nur zwischen Daumen und Zeigefinger genommen und sagte ›zwanzig‹ Mark oder ›fünfzig‹, auf Anhieb. Und dann wußte er natürlich auch, wo die verschiedenen Sorten Zigaretten und Zigarren waren und die Pfeifentabake. Er hat schneller bedient als mancher Sehende.«

»Er kennt die Leute im Hof schon an den Schritten«, sagte Brigitte.

Es entstand eine kurze Pause, da sagte die Mutter: »Ich möchte ein für allemal bitten, daß dieses Thema endlich von der Tagesordnung gestrichen wird. Es gibt doch gewiß erfreulichere Gesprächsstoffe, und ich möchte, daß wir einmal auch darüber sprechen.«

»Wie du meinst«, sagte der Großvater, warf dann einen kurzen Blick auf seine Taschenuhr und fand: »Ich werde ohnehin bald gehen müssen.«

Dann wurde geschwiegen.

Schon lange war das Geräusch dagewesen. Entfernt zwar, aber nicht zu verdrängen. Über ein Schiff gingen schwere Brecher hinweg, aber es war kein Schiff, sondern die Mole des kleinen italienischen Fischerhafens, wo sie im vorigen Jahr die Ferien verbracht hatten. Aber dann war es auch nicht der Hafen, sondern ein Wasserfall, sie sah es genau. Die Mauer eines Stausees war oben an der Krone brüchig geworden, und der Wasserfall stürzte in die Tiefe, wo sie war, stürzte in bedrohlicher Nähe fast vor ihre Füße, und sie konnte sich nur durch eine Wildwasserfahrt in einem offenen Kanu retten. Das Wildwasser verwandelte sich jedoch in einen Wolkenbruch, und das Wasser überflutete Felder und Straßen, wie sie es einmal in Tirol gesehen hatte, und sie durchwatete die trübe Flut in Gummistiefeln, die voll Wasser waren, wurde immer müder, rang nach Atem, konnte nicht um Hilfe rufen. — Und da war es der Regen vor dem Fenster. Ein schwerer, rauschender Regen, der Kühle ausatmete, den Vorhang in das Zimmer wehen ließ, der vertraute schwere Sommerregen, mit dem Gurgeln in der

Dachrinne, mit dem Getrappel der Regentropfen auf dem Dach, mit dem Rauschen des Regens in den Bäumen, dem leichten Schaum auf den gerippten Pfützen.

Brigitte atmete auf, weil die Wirklichkeit weniger schrecklich war als der Traum, setzte sich auf und stieg dann aus dem Bett. Der Vorhang klatschte naß und schwer auf ihren Arm, sie stand in einer kleinen Lache. Da holte sie einen Lappen aus dem Besenschrank, wischte die Pfütze weg, schloß das Fenster, und im gleichen Augenblick sank das Geräusch des Regens zurück, entfernte sich das Rauschen in den Bäumen, nur die Geräusche auf dem Dach, in der Dachrinne wurden deutlicher, als wäre das ganze Haus lebendig. Schauer prasselten darüber hin und machten das Dach erbeben, die Fensterscheiben beschlugen sich innen, das Licht der Laterne bekam einen Kranz. Die Dächer der Autos draußen glänzten. Sie schaute im Wohnzimmer nach, in Vaters Zimmer, in der Küche, im Bad, und stand vor dem Schlafzimmer der Eltern. Sie klopfte leis, und als niemand antwortete, öffnete sie die Tür. Die Eltern schliefen, obwohl auch sie das Fenster offen hatten.

»Psst«, rief sie, »Papa!« Aber der wachte nicht auf, sondern die Mutter bewegte sich und fragte: »Was ist?«

»Es schüttet draußen, in unserem Zimmer war eine Pfütze, ich wollte sehen, ob auch hier . . .«

»Ist gut«, sagte die Mutter.

»Soll ich das Fenster schließen?«

»Über Kreuz«, antwortete die Mutter und gähnte.

Brigitte ließ den linken äußeren und den rechten inneren Flügel offen und wischte auch hier den Boden trocken.

»Wie spät ist es?« fragte die Mutter.

»Weiß ich nicht. Aber ich sag dir's nachher.«

»Ist ja auch nicht so wichtig.«

Sie verließ das Zimmer, warf den feuchten Lappen in den

Plastikeimer in der Küche und kehrte dann zurück. »Zwei vorbei«, sagte sie.

»Ist gut«, sagte Mutter.

»Meinst du, werden wir heute früh fahren?«

»Das scheint eher ein Landregen zu sein. Nein, wir werden sicher nicht fahren. Geh jetzt, schlaf wieder.«

»Soll ich den Wecker noch abstellen?«

»Richtig, ja.«

Brigitte stellte den Wecker ab, der in der Diele auf einem Schränkchen stand.

Da rief sie die Mutter. Sie kehrte zu ihr ans Bett zurück.

»Du hast ja ganz kalte Hände«, sagte die Mutter.

»Die werden wieder warm.«

Sie zog Brigitte zu sich, und die setzte sich auf das Bett. — »Wieso bist du denn aufgewacht, als einzige?« fragte sie.

Brigitte hob die Schultern und ließ sie fallen. »Es war ganz schön laut.«

»Regen ist schön«, begann die Mutter. »Ich mag ihn. Wenn es regnet, merkt man erst das Dach überm Kopf. Ich kann mir vorstellen, wie es morgen riecht, wenn ich das Fenster aufmache.«

»Und wenn es regnet, bleiben wir daheim?«

»Auch wenn es nicht mehr regnet. Es hat auf jeden Fall zu viel geregnet, wir können ja nirgends hin.«

»Dann könnte ich ja morgen . . .« Brigitte zögerte, »Jürgen, weißt du, damit er nicht so allein . . .«

Die Mutter schwieg zunächst. Erst später sagte sie: »Ich wünsche mir schon Jahre, daß wir einmal in ein Museum gehen oder in eine Ausstellung, an einem Sonntag, an dem man sonst nichts tun kann.«

»Das könnten wir doch tun.«

»Aber du willst doch zu diesem . . .«

»Den könnten wir mitnehmen.«

»In eine Ausstellung? Er sieht doch nichts.«

»Aber ich könnte ihm alles erklären.«

»Der wird in eine Ausstellung gar nicht gehen wollen.«

»Aber ich darf ihn fragen?«

»Wenn du unbedingt mußt.«

Da wurde der Vater unruhig, wälzte sich hin und her, fuhr hoch, fragte: »Wie? Wie? Was ist?«

»Nichts«, sagte die Mutter, »schlaf weiter.« — Und er legte sich wieder hin und schlief sofort ein.

»Ich gehe jetzt«, flüsterte Brigitte.

Und die Mutter küßte sie, tätschelte mit ihrer rechten Hand Brigittes Hinterkopf und flüsterte: »Schlaf noch schön, Maus.«

Ihr Bett war kühl, und sie zog die Decke bis zum Kinn. Sie streckte sich aus und schloß die Augen. Die Nacht war voller Geräusche. Trommeln an die Fensterscheiben, Tropfen aufs Blech, Gluckern in der Dachrinne, das Aufrauschen der Bäume im Wind.

Ursula schlief mit offenem Mund und hatte vom Regen nichts gehört und nichts davon, daß sie, Brigitte, aufgestanden war und sich um das Haus und die Familie gekümmert hatte. Brigitte kam sich sehr alt vor. — Wenn ich nicht aufgewacht wäre, dachte sie, dann hätte es weiter in unsere Zimmer geregnet, und sie malte sich das Zimmer aus, in dem das Wasser stieg und in dem die Betten zu schwimmen begannen, und sie sah Ursula in einem Bett auf eine Stromschnelle zutreiben und schrie, und schrie, aber Ursula hörte sie nicht.

Sie holte sich wieder zurück in die Wirklichkeit und dachte an ihre Mutter. Vielleicht müßte man öfter in der Nacht an ihr Bett kommen, dann konnte man ganz ruhig mit ihr sprechen, und sie war selber ruhig. Wenn es Nacht war und sie im Bett lag, war sie nicht die Erwachsene des hellen Tages, die nervöse, gereizte Frau. Möglicherweise erzählte sie morgen dem Vater oder dem Großvater oder sogar Jürgen, daß ihre jüngere Tochter die Wohnung vor dem — ja vor was denn? — vor dem Toben der Elemente geschützt hatte.

Und plötzlich kicherte sie vor sich hin. Vater fiel ihr ein, wie er hochgefahren war. — »Wie, wie, was ist?« Morgen mußte sie Ursula zeigen, wie er es gemacht hatte.

Er hat mich nicht gehört, dachte sie, aber Mutter hatte sie gehört. Ihre Tat war nicht umsonst und unbemerkt geschehen. Vielleicht sagte Mutter nun nicht mehr, daß sie unbedingt in ein Heim müsse.

Die Bilder einer Ausstellung, mit Katalognummern versehen, und Mama und Jürgen und sie. Die anderen Leute, die sich flüsternd unterhielten, ganz nah an das eine oder andere Bild herantraten, als wollten sie geheime Zeichen finden, einen Kode dechiffrieren, dann ein paar Schritte rückwärts gingen, um Abstand zu gewinnen, den Kopf zur Seite neigten, ganz und gar Augen waren, die Optik einer Kamera, die Bilder in der Erinnerung speicherte, Farben ins Gedächtnis prägte.

Mama war seltsam anders an diesem Sonntagvormittag, obwohl es noch immer regnete, sie hatte ihr Küchengesicht abgestreift, ihr Staubsaugergesicht, ihr Bettenmachgesicht. Sie war jünger geworden, sah aus, als hätte sie keine Familie, keine Kinder, keinen Mann, als wäre sie eine alleinstehende Frau, mit einem Beruf, der ihr Spaß machte, mit einem Gehalt, das sie zufriedenstellte. Selbst ihre Stimme war verändert, es war nicht die Geschirrspülstimme, die Bügelstimme, die »Ach-die-Teppiche-müssen-wieder-einmal-geklopft-werden«-Stimme. Die Stimme war ohne Last und ohne Bruch, und einmal sagte sie so nebenbei: »Als Mädchen habe ich ganz hübsch gemalt.« — Sie sagte das, als ob sie von einer Fremden oder von einer Toten redete. — Als Mädchen habe ich einmal ganz hübsch gemalt. — Sie schien das Mädchen gut gekannt zu haben, das sie gewesen, und sie bedauerte es ein wenig, daß diesem Mädchen das Talent abhanden gekommen war. Ihr Talent war verlorengegangen, so wie man eine Münze verliert, einen Schirm in einem Zugabteil liegenläßt.

»Warum malst du nicht mehr?« fragte Brigitte.

Und die Mutter sah sie an, anders als sonst, wie eine Erwachsene, sah sie an wie den Arzt, wenn er ins Haus kam und fragte »nun, wo fehlt es denn?« — »Mein Gott, warum«, sagte sie. »Warum male ich nicht mehr? Nach der Schule kam das Leben, und der Beruf, und Bekannte, und euer Vater, und dann seid bald ihr gekommen und die Windeln, der Herd und die Waschküche, der Bügeltisch, Arbeit, die nie zu Ende geht, ein dauernder Kampf gegen den Staub, gegen euren Hunger.« Sie hielt ein. »Das ist ein schönes Bild!« sagte sie.

Es war eine Flußlandschaft, eine Ebene mit einem Fluß, ein Bild, in das man hineingehen konnte, am Abend würde man den Horizont erreichen.

»Es ist ein Fluß«, sagte Brigitte zu Jürgen. »Ein Fluß, der auf einen zufließt, man sieht den Kies am Ufer, Weiden an der Böschung, es ist schon die Ebene, aber weit hinten sind die Berge.«

»Man meint, einzelne Kieselsteine zu sehen«, sagte die Mutter, »können Sie sich an Steine erinnern, Jürgen? Es gibt so wunderbare. Graublau, oder rot mit weißen Bändern darin, wie Adern. Steine, die man aufhebt und nach Hause mitnimmt, aber man sieht sie gar nicht auf dem Bild, sie sind nicht gemalt, und doch sind sie da, verstehen Sie?«

Jürgen nickte.

»Es sind nur einige Bänder da«, erklärte Brigitte, »Streifen, der eine Wasserstreifen, die beiden Kiesstreifen, zwei grüne Uferstreifen und ganz im Hintergrund quer über allen Streifen Berge und darüber Himmel.«

»Und die Weiden an der Böschung?« fragte Jürgen.

»Die sind im grünen Streifen.«

»Sie müssen sich vorstellen«, sagte die Mutter, »der Maler hat alles zurückgenommen, sich aufs Wesentliche beschränkt. Er wollte nicht Steine und Weiden, die Dörfer an den Ufern malen, sondern die Weite des Tales. Obwohl das Bild nur Oberfläche hat, geht es Kilometer in die Tiefe. Und fast zwei Drittel sind Himmel. Ich möchte wetten, das ist ein Föhnhimmel.«

Jürgen sagte: »Ich kann es mir vorstellen. Sind an beiden Ufern Weiden?«

»Nein«, antwortete Brigitte, »nur am rechten von uns aus gesehen.«

»Ich hatte einen Onkel, der konnte aus Weidenzweigen Flöten machen.«

Sie gingen weiter.

»Irgendwo unterm Dach«, begann Mutter, »in einer Kiste, da müßte noch mein Malkasten sein. Und auch eine Mappe mit ein paar Bildern. Ich müßte das Zeug doch einmal herunterholen, nur um zu sehen, ob ich meine eigenen Bilder noch ansehen kann, denn in der Malerei hat sich ja einiges ereignet seitdem.«

Die anderen Ausstellungsbesucher begannen sie zu beobachten, Jürgen, die Mutter und Brigitte, rücksichtsvoll und voller Takt und doch mit einer kaum unterdrückten Neugierde. Ein Blinder sieht sich Bilder an oder läßt sie sich erzählen! — Und mit einemmal spürte Brigitte den Hauch des Besonderen, der sie umwehte, des Nichtalltäglichen. Genauso hätte man sie angesehen, hätte sie eine andere Hautfarbe gehabt oder andere Kleider getragen. Man machte Platz vor ihnen, rückte zur Seite, als wären sie hohe ausländische Gäste oder gehörten zumindest zu deren Gefolge.

Zum erstenmal schlich sich eine gewisse Eitelkeit in sie ein, denn Jürgen war ihre Entdeckung, ihr Fall, ihr Jürgen, sie hatte ihn gefunden. — Sie hatte sich dafür eingesetzt, daß die Mutter ihn mitgenommen hatte, und sie spürte auch, wie Mutter Gefallen an ihrer Rolle fand. Sie begann zu vermeiden, ihn mit »Sie« anzusprechen und sagte nur noch »Jürgen«.

Ringsum war Anteilnahme zu verspüren, Verwunderung, Erstaunen, Ergriffenheit. Eine Welle von Mitleid schlug ihnen entgegen. Man brachte sie miteinander in Verbindung, denn Jürgen konnte der Sohn ihrer Mutter sein und sie seine jüngere Schwester. Ach, wären sie beide älter gewesen, man hätte sie für seine Braut gehalten!

Wäre Ursula mit ihren Freunden in der Ausstellung aufgetaucht, hätte man sie übersehen, sie aber, Brigitte, übersah man nicht.

Sie ergriff Jürgens Hand und führte ihn weiter, und sie hielt seine Hand länger, als es nötig gewesen wäre, und er ließ es geschehen. »Ein Hochformat«, sagte sie fachmännisch, »ein Fenster mit einem Vorhang, und hinter dem Fenster ein sonniger Tag, Licht.«

»Ja«, bestätigte die Mutter, »und wiederum kommt es dem Maler nicht auf das Zimmer an, in dem man sich befindet, und nicht auf das, was draußen ist, sondern nur auf das Licht, das Licht, das durch das Fenster und durch den Vorhang ins Zimmer dringt, auf den Fußboden fällt.«

»Ein großes hohes Fenster?« fragte Jürgen, der als einziger ohne Eitelkeit war, weil er nicht sehen konnte, daß sich einige Leute nur in ihrer Nähe hielten, um ihren Gesprächen zu lauschen.

»Ja, ein großes hohes Fenster«, antwortete Brigitte.

»Und der Vorhang etwas vom Wind bewegt«, ergänzte die Mutter.

»Und erkennt man etwas hinter dem Vorhang?«

»Nein, es ist nur das Licht.« Brigitte wollte Jürgen weiterführen, aber die Mutter blieb stehen. — »Vielleicht will er«, sprach sie, »vielleicht will er, daß man sich selbst ein Bild von dem macht, was der Vorhang verbirgt. Er gibt uns einen Hinweis. Die Sonne scheint draußen, es ist ein helles, unbekümmertes Licht, ein südliches Licht, bestimmt, ein grüner Schimmer, und man könnte sich gut vorstellen, daß das Fenster zu einem schönen Landhaus gehört, am erhöhten Ufer eines südlichen Sees. Wenn man den Vorhang nur zur Seite schiebt, wird der Blick frei auf einen gepflegten Garten, der sich leicht senkt, Buchsbaumhecken und Kieswege, Rhododendron im Halbschatten, ein kleines Gewächshaus abseits und ein steinerner Anlegeplatz für Boote.« — Ich werde beinahe ein wenig kitschig, dachte die Mutter, aber irgendeinmal hatte sie einen solchen Garten an einem See erlebt, oder war es nur ein Traum? Sie hatte Momente, wo sie nicht wußte, ob eine Erinnerung aus einem Erlebnis oder aus einem Traum kam.

Als sie die Kunsthalle verließen, regnete es noch immer. Aber die Mutter war fröhlich geworden. »Was bin ich früher in Ausstellungen gerannt«, sagte sie, »oder in Konzerte! Leider ist Papa dafür gar nicht zu haben. Der bekommt Kopfweh in einem Museum. Und in einem Konzert auch.«

Brigitte sah sie von der Seite an. Ihre Mutter hatte rote Wangen bekommen. Oder machte das der aufgespannte rote Schirm? Es konnte nicht nur der Schirm sein, denn ein

Schirm, auch ein roter, verwandelte nicht einen Menschen in ein ganz anderes Wesen.

»Sie sollten ein Buch schreiben«, sagte da Jürgen zu ihr. »Sie mit Ihrer Phantasie. Ich hab' richtig den Garten gesehen auf dem Hang zum See hinunter.«

Mutter wurde noch röter. »Ich und ein Buch schreiben!« rief sie.

»Mal doch wieder etwas!« schlug Brigitte vor.

»Ach«, widersprach die Mutter, »wenn man so aus der Übung gekommen ist wie ich.«

»Laß das Unwichtige weg!«

»Man kann das Unwichtige nur dann weglassen, wenn man es tatsächlich auch malen könnte. Alles andere ist Betrug.«

»Wir könnten ja miteinander malen.«

»Ursula und Papa würden mich schön auslachen.«

»Versuch's«, flehte Brigitte beinahe, »wenn beide weg sind, ich verrate dich bestimmt nicht.« Sie wandte sich an Jürgen. — »Nicht wahr, sie soll's doch wenigstens einmal versuchen?«

»Doch«, sagte Jürgen, »doch. Und dann erzählen Sie mir, was Sie gemalt haben. — Und wenn die Operation . . . Ich meine, wenn sie gelingt, dann schaue ich Ihre Bilder an . . .«

Die Blicke Brigittes und ihrer Mutter trafen sich.

»Mein Gott«, sagte die Mutter schließlich, »das wäre schön, wenn Sie sie anschauen könnten, Jürgen.«

Montag, Dienstag, Mittwoch, Donnerstag, drei Tage noch. Drei Tage bis zur Entscheidung, veränderte Tage, denn Mutter war fröhlich. Sie sang in der Küche, sie sang beim Tischdecken, und sie musterte gutgelaunt ihre Töchter, wenn sie sich zu ihnen an den Mittagstisch setzte. »Nun, wie war's in der Schule?«

Sie erzählte, daß sie auf dem Markt gewesen war, und von den Blumen am Markt, von den Körben und Obststeigen. Immerzu roch es nach Erdbeeren. Und Gemüse gab es jetzt wieder in allen Arten und Sorten, die Verkaufsstände quollen nur so über.

Ursula blieb mürrisch und starrte in den Teller, nur Brigitte hörte aufmerksam zu, und die Mutter dachte, was ist mit dem Kind geschehen! Oder habe ich sie verkannt? Mein Gott, sie ist die einzige, die mir zuhört.

Dann fragte Brigitte so ganz beiläufig und fast wie nebenbei, während sie sich ein Stück Fleisch abschnitt: »Warst du schon oben?«

Die Mutter hielt ein — und überlegte, ihre Augenlider begannen zu zucken. »Wo oben?« fragte sie schließlich.

»Unter dem Dach. Den Malkasten . . .«

»Ach, dazu bin ich heute noch nicht gekommen, und nachmittags wird es wohl auch nichts werden. Ich muß einen Besuch machen. Morgen dann seh' ich ganz sicher nach, wenn mir die Zeit überbleibt, ja, morgen, Kleines, da geh' ich hinauf. — Vielleicht.«

Brigitte beobachtete schweigend ihre Mutter, die plötzlich nicht mehr so fröhlich war. Sie beobachtete die Mutter wie einen fremden Menschen, wie sie Jürgen betrachtete, wenn sie das Gefühl hatte, er merkte nicht, daß sie ihn musterte. — Warum schob die Mutter die Suche nach den Bildern ihrer Jugend und nach dem Malkasten hinaus? — Waren die Bilder vielleicht doch nicht so hübsch, wie sie noch meinte? War sie vielleicht schon oben gewesen, hatte die Bilder gefunden und sich gedacht, mein Gott, die kann ich unmöglich herzeigen? — Ihr, Brigitte, ging es ja auch so, mit Aufsätzen zumeist. Sie fand sie wunderbar, solange sie noch daran schrieb. Aber waren sie erst ein paar Tage alt, fand sie sie kindisch, ja albern.

»Wenn du willst, such ich die Bilder«, sagte sie da laut.

»Nein, nein!« rief die Mutter schnell. »Das laß sein, nein, ich weiß nicht genau, in welcher Kiste ich sie habe, nein, die muß schon ich suchen.«

»Du hast einmal gemalt?« fragte Ursula gelangweilt.

»Ja, warum fragst du so? Glaubst du es etwa nicht?«

»Du hast nie etwas davon erzählt.«

»Ihr habt mich ja auch nie gefragt, was ich in meiner Jugend so getrieben habe.«

»Auch Großpapa hat nie was davon gesagt, daß du gemalt hast.«

»Aus gutem Grund, denn er wollte nicht, daß ich es tue. Er war dagegen. Büro, das war eine feste Grundlage für ihn, da gab's nach seiner Meinung nur anständige Leute, die etwas leisteten; die Maler, die waren nur ein liederliches Volk. Taugenichtse und Tagediebe.«

»Großpapa?« fragte Brigitte verwundert.

»Ja, er«, bestätigte die Mutter. »Es ist nämlich etwas anderes, ob man Großpapa als Vater oder als Großpapa hat. Bei mir war er nicht so einsichtsvoll und so weitherzig, wie er möchte, daß ich es bei euch bin, nur, weil er es nun selber geworden ist. Bei mir war er ganz anders.« Sie sah wie abwesend vor sich hin und sagte noch einmal: »Ganz anders war er bei mir.«

»Ja, aber die Bilder . . .« Brigitte bemerkte, wie Ursula einen Blick zur Decke sandte, der andeuten sollte, wie das Gespräch sie langweile.

»Wie ich dazukomme, hole ich sie«, versprach die Mutter. Das war ein abschließender Satz, und es war nicht mehr der Ton vom Sonntagvormittag, mit dem sie das sagte, sondern der Montagton, der Wohnungston, und die Wohnung war keine Ausstellung.

Und doch war die Mutter etwas später wieder heiterer. Sie

wollte allein das Geschirr spülen, und sie hatte den Transistorapparat mit in die Küche genommen und hörte Wiener Operettenmelodien.

»Glaubst du, daß sie wirklich so wunderbar gemalt hat?« fragte Ursula, als sie mit ihrer Schwester allein war und die Schultasche öffnete. »Glaubst du das? Glaubst du, daß ein wirkliches Talent sich dann so mir nichts, dir nichts unterkriegen läßt? Ich bin jetzt fast siebzehn, aber ich hab' noch nie gehört, daß sie so besonders gut im Malen war. — Jedenfalls, wenn man mich davon abgehalten hätte, wenn man das nur versucht hätte, und ich wäre gut gewesen, und ich hätte das Gefühl gehabt, gut zu sein, das wäre niemandem geglückt, das kannst du mir glauben!« Ursula warf einige Hefte auf ihren Tisch und fuhr fort: »Schade eigentlich, daß ich im Malen so eine Niete bin, nur deshalb, um es auf eine Kraftprobe ankommen zu lassen. Schreien und brüllen würde ich, wenn man mir sagen würde, ich solle das Malen sein lassen.«

»Und wenn sie's nur sein ließ, damit Ruhe war?«

»Dann war's nicht weit her mit ihrem Talent«, sagte Ursula hart. »Ein Talent setzt sich einfach durch, und wenn's durch dick und dünn geht. — Was glaubst du, warum sie die Bilder nicht gleich holt? Was glaubst du, warum?«

»Vielleicht hat sie Wichtigeres . . .«

»Angst hat sie davor. Nichts als Angst.«

Brigitte wollte das nicht hören. Sie setzte sich an ihren Tisch. Und während Ursula weiterredete, dachte sie: Fast ist der Montag schon vorbei, dann Dienstag, Mittwoch, Donnerstag. Die Nacht zum Dienstag, zum Mittwoch, zum Donnerstag, drei Nächte noch. — Was mochte wohl Jürgen denken, wenn er sich am Abend hinlegte und nicht einmal wußte, war das Licht nun aus oder nicht? Fürchtete er sich davor, freute er sich auf Donnerstag? Sie stand auf, um in den Hof hinunterzusehen. Und da saß er schon, die Hände auf den Schenkeln, und wartete.

Die Schlechtwetterfront war im Abziehen. Zwischen den Wolken kam manchmal die Sonne durch und wärmte den kühlen Tag.

»Jetzt verlangt sie womöglich noch Dankbarkeit von uns«, keppelte Ursula weiter. »Dafür, daß sie das Malen hat sein lassen und daß sie sich uns gewidmet hat. Aber mir fällt nicht ein, daß ich ihr dafür dankbar bin. Hab ich's ihr geschafft, daß sie nicht mehr malen soll? Meinetwegen könnte sie heute noch malen.«

Sie kannte den Weg, sie war ihn oft mit den Eltern gegangen. Früher, als sie noch kein Auto hatten. Da waren sie von der Höhe hinunter zum Fluß gegangen, zu der Anlegestelle nahe der Brücke, und hatten sich die Schiffe angesehen. Die Schlepper und Lastkähne, und die ein oder zwei weißen Motorboote, die Abendrundfahrten machten mit Lampions und Musik. Sie erinnerte sich an eine solche Fahrt. Sie kam sich damals vor, als wäre sie in eine Versammlung von Irren geraten, denn fast pausenlos schlugen sie die Leute auf die Arme und ins Gesicht, denn sie fuhren durch wolkenhafte Schwärme von Mücken. Sie selbst hatte leicht lachen, weil sie die Mücken verschonten. Vater hingegen schwor, nie mehr eine solch romantische Abendrundfahrt zum Strom hinaus und wieder zurück, an Gas- und Elektrizitätswerk vorbei, zu unternehmen.

Brigitte erinnerte sich gern an die Zeit. Das war damals gewesen, als sie noch zwischen Vater und Mutter gegangen war, und beide führten sie an der Hand. Ihre linke Hand war in der Hand des Vaters und die rechte in der der Mutter, und waren die Eltern gut aufgelegt, so sagten sie alle paar Schritte »eins, zwei, drei, hopp«, und dann war sie plötzlich der Erde entrissen, segelte hoch, weit hinaus, den Baumkronen oder Dachsimsen entgegen, eine endlos lange Zeit, verharrte eine Weile auf dem Höhepunkt, schon nahe den Wolken, und sauste dann wieder zurück, mit der heimlichen Angst, hart auf die Erde zu fallen. Aber Vater und Mutter hielten sie fest, fingen sie auf, hatten ja nie ihre Hände losgelassen, ließen sie einen Moment knapp über dem Boden schweben, und dann hatte die Erde sie wieder. Sie ging ein paar Schritte und sagte dann: »Noch einmal.«

»Eins, zwei, drei, hopp«, riefen die Eltern, und sie trat wieder ihre Luftreise an, die sie viel gewaltiger empfand, als sie in Wirklichkeit war, ein Gefühl in der Nähe des Schwebezustandes, der Schwerelosigkeit, als wäre sie aus einer Raumkapsel gestiegen, wie ein Russe oder Amerikaner, und umkreise die Erde als Stern.

»Warum bist du so still?« fragte Jürgen.

»Ich hab' an früher gedacht«, sagte sie. »Wir sind diesen Weg oft gegangen.«

Manchmal war auch Großvater dabeigewesen, und der hatte sie auf dem Heimweg dann auf seine Schultern gesetzt, mit den Füßen gescharrt und gewiehert wie ein Pferd und war losgetrabt im Kreis und vorwärts und zurück, und sie hatte eine selige Beklommenheit erfaßt, eine wonnige Ängstlichkeit, bis die Mutter dem Großvater zurief: »Hör doch auf, ihr wird sonst schlecht.«

Da war sie traurig und erlöst zugleich, weil der Großvater nun neben der Mutter ging, ein braves Pferd, das dem Reiter gehorchte, und sie mußte seine Daumen nicht mehr krampfhaft umschließen. Manchmal war sie dann so im Reitersitz auf den Schultern des Großvaters eingeschlafen, war im Schlaf weitergeritten mit baumelndem Kopf. Und einmal, Großvater erzählte es noch immer gern, hatte sie ihn bei solchem Ritt vom Hals bis zum Gesäß naß gemacht. Damals mußte sie noch sehr klein gewesen sein.

Nie hatte sie gedacht, daß sie diesen Weg einmal mit einem blinden jungen Mann gehen würde, zwei Nächte nur vor seiner schwerwiegendsten Stunde. Und wie sie es einst genossen hatte, wenn sie zwischen den Eltern ging und diese sie von der Erde forthoben in den Himmel hinein, so genoß sie jetzt das Gefühl, wichtig zu sein, und wenn sie nur sagte: »Wir können langsamer gehen, die nächste Ampel erreichen wir nicht bei Grün.«

Natürlich waren auch andere Leute unterwegs, aber es waren viel zuwenig Bekannte darunter. Erst zwei hatte sie getroffen, und nur eine hatte ihren Gruß erwidert, eine dicke, ältere Dame, die vom Fluß kam. Eine zweite war so abwesend gewesen, daß sie weder Brigitte gesehen noch deren Gruß gehört hatte.

»Jetzt ist grün, jetzt können wir gehen«, sagte sie. Und sie nahm seine Hand und führte ihn hinüber. Dann ließ sie die Hand wieder aus, und sie blieben miteinander in Tuchfühlung wie sonst, wobei sie natürlich darauf achtete, daß niemand in ihn hineinlief und er keinen Zusammenstoß verursachte.

Dort, wo sie an den Fluß gelangten, war er übrigens weniger schön, sie mußten an der langen Plankenwand eines Betonsteinlagerplatzes vorbei, die nach Carbolineum stank.

»Wir sind schon da«, verriet sie ihm, »wir müssen nur noch etwas den Fluß hinauf zur Anlegestelle.«

Er fragte, wie das Flußufer sei, und sie erzählte es ihm. Ein steiler Hang war es, auf dem fast nichts wuchs.

Konnte man hier Steine in den Fluß werfen?

Kiesel gab's genug. — Sie führte ihn über die Straße und hob einige Kiesel für ihn auf. Er ließ sich die Richtung zeigen, in die er werfen konnte, dann ging er vorsichtig einige

Schritte vor und wieder zurück. Jetzt warf er den ersten Stein.

Er streckte den Kopf vor, um zu erlauschen, wie weit der Stein geflogen war.

Mit einem kurzen Geräusch soff der Stein ab.

»Wie weit?« fragte Jürgen.

»Bis in die Mitte, vielleicht sogar ein bißchen darüber.«

»Wenn wir hinunter zum Ufer gehen, treffe ich dann das andere Ufer?«

Das Ufer war nicht zu begehen. Man hatte große Felsbrocken aufgeschüttet, um es zu befestigen. Jürgen konnte sich dort unmöglich, auch nicht mit ihrer Hilfe, bewegen.

»Es ist kein Platz unten«, erklärte Brigitte, »da liegen nur Haufen von Felsbrocken.«

Er wollte einen runden, abgeflachten Stein, und sie suchte ihm einige.

»Schwerer«, sagte er, als sie ihm den ersten gab.

Brigitte reichte ihm einen größeren, und er warf wieder. Sie sah dem Stein nach, der in hohem Bogen dahinflog, weit über die Mitte des Flußes hinaus, sich senkte und mit einem »Pluff« die glatte Oberfläche des Wassers durchschlug.

»Fast zehn Meter weiter«, sagte sie. »Wir sollten langsam zur Anlegestelle gehen.«

Aber er wollte noch einen dritten Stein werfen.

Sie suchte mit Sorgfalt, aber erst den sechsten, den sie ihm reichte, behielt er, prüfte ihn in der Hand, sagte, »er ist warm von der Sonne«, ließ sich dann von ihr wieder in die Richtung zum Fluß drehen, ging mit ihr bis an den Rand der Böschung, zählte die Schritte zurück, nahm Anlauf, schleuderte den Stein mit aller Kraft hinaus, stand mit angehobenem Gesicht und lächelte zufrieden über den Bewunderungsruf Brigittes.

»Kommt er hinüber?« fragte er schnell, und sie stand da

und dachte, wenn der Stein das andere Ufer erreicht, dann wird er wieder sehen.

»Fliegt er noch?«

»Ja«, sagte sie, »ja.« Und da knallte der Kiesel drüben auf den Ufersteinen auf, zersprang wohl, schickte verzögert einen gellenden Ton herüber.

»Drüben«, sagte sie. »Ganz drüben, im Trockenen.«

»Ich hab's gehört.« Er lächelte und atmete kurz, als wäre er lang gelaufen. »Ich hab's gehört, er fiel auf einen Stein, nicht wahr?«

Sie nickte, aber dann fiel ihr ein, daß er das nicht sehen konnte, und sagte: »Ja, auf einen Stein, am anderen Ufer.«

Er holte tief Atem. Und sie merkte trotz der dunklen Brille, die er trug, daß sein Gesicht jünger wurde, es entspannte sich, er lächelte, als wäre er ein ganz kleiner Junge. »Ich hab' immer schon am weitesten geworfen«, berichtete er. »Und jetzt hab' ich«, er rechnete, »seit es geschehen ist... Nein, ich erinnere mich nicht, daß ich jemals seitdem einen Stein geworfen habe. Wie breit ist der Fluß, wie weit ist es etwa?«

»Mindestens vierzig Meter«, sagte sie. »Vater hat nie von hier oben hinübergetroffen. Seine Steine fielen immer noch ins Wasser.« — Brigitte sagte nicht, daß das Wasser heute etwas tiefer stand als sonst, wahrscheinlich hatten sie die Schleuse flußaufwärts geschlossen.

Jürgen war so heiter wie noch nie. »Einmal«, erzählte er, »haben wir im Schulhof mit Bällen geworfen, Lederbällen mit Sandfüllung. Wir standen auf der Schmalseite der Turnhalle und warfen die Bälle parallel zur Längsseite. Noch nie hatte einer über den ganzen Hof geworfen. Und dann warf ich das drittemal, und der Ball ging genau in ein Fenster im ersten Stock gegenüber, wo die Direktion war. Der Direktor wollte toben, damals durfte ich auch schon nicht mehr Völkerball spielen.«

»Warum?«

»Weil ich zu scharf geschossen hab'. Und es waren immer einige Brillenträger bei den anderen . . .« Er schwieg und ging mit langen Schritten neben ihr. »Einmal hab' ich nämlich solch einen Brillenträger ins Gesicht getroffen. Zunächst sah es ziemlich böse aus, aber die Schnitte waren nur oberhalb der Braue, nicht einmal im Lid. — Aber es hat ziemlich böse ausgesehen.«

»Jetzt sind wir an der schönen Uferpromenade«, berichtete sie.

Und er spürte es unter seinen Schuhen. Kein holpriger Weg mehr, keine Steine bis zu Faustgröße vor seinen Schuhspitzen, sondern glatter Asphalt, hin und wieder ein wenig Schatten, dessen Kühle er schnell durchwanderte. Kinder spielten. Er hörte ihre Stimmen. — »Fritz, steh auf! — Um wieviel Uhr? — Drei große Riesen.«

»Vorne kommen einige Schulkameradinnen«, meldete Brigitte.

Er sagte nichts, weil ihm das nicht paßte. Gerade jetzt nicht, da er von übermorgen hatte sprechen wollen.

»Wieviel sind es?« fragte er mißmutig.

»Fünf, aber es sind nette Mädchen.«

»Wir können ja vorübergehen«, sagte er. »Sie gaffen einen immer so an.«

»Die nicht.«

»Doch, auch wenn man es nicht sieht, ich spür es. Ich gehe weiter und warte.«

Und dann hörte er schon das Gekicher, und ein Mädchen rief: »Brigitte!«

Brigitte sagte: »Sie kommen auf uns zu. Wahrscheinlich haben sie eine Bootsfahrt gemacht.« Sie blieb stehen, aber er ging weiter ohne etwas zu erwidern. Bevor sie noch etwas sagen konnte, umringten die Mädchen Brigitte und stellten dumme Fragen, viel zu dumme Fragen. Ärgerliche, unnütze Fragen, bis sie endlich beinahe schrie: »Ihr seid ja blöd, wir sind kein Liebespaar. Habt ihr denn nicht gesehen, daß er blind ist?«

Zwei lachten, bis auch sie merkten, daß es ernst war. Und sie sahen jetzt alle hin zu ihm, wie er am Ufer ging, stehenblieb, wieder ein paar Schritte machte . . .

»Ich muß zu ihm«, rief Brigitte, »ich hab' ihn geführt.« — Aber die Mädchen wollten wissen, wieso er denn blind sei, von Geburt an oder durch einen Unfall, und sie drängten sich so wild um sie, daß sie nicht mehr sehen konnte, wie Jürgen immer mehr nach rechts geriet, immer mehr zur Ufermauer hin. Und als sie sich endlich losriß, bös und fauchend wie eine Katze, war es beinahe schon zu spät. — Jürgen war auf der Kaimauer angelangt.

Brigitte schrie, so laut sie konnte, »Jürgen!« Und er drehte sich um, hob das Gesicht in ihre Richtung, und das war vielleicht der Grund, daß er noch mehr seine Richtung verlor, den rechten Fuß ins Leere außerhalb der Mauer setzte, die Arme hochriß, verzweifelt Halt suchte und in den Fluß stürzte.

Brigitte rannte los, unfähig, auch nur den geringsten Laut von sich zu geben. Die Mädchen hinter ihr schrien um Hilfe, aber das war es nicht, was sie wahrnahm. Was sie zu registrieren vermochte, war ein Druck in ihrem Gehirn, der alles um sie herum farblos machte, grau wie die Negativkopie eines Films, sie nahm auch nicht die Leute wahr, die ans Ufer geeilt waren, sie sah lediglich den Kahn an der Kaimauer, und sie befand sich kurz danach in ihm, stieß ihn mit dem Ruder von der Mauer weg, rief immerzu, als käme ihre Stimme von einer defekten Schallplatte, auf der die

Nadel nicht die nächste Rille fand, »Jürgen, hier, Jürgen, hier, Jürgen, hier«. Er erreichte das Ruderblatt, das sie ihm weit aus dem Boot hängend hinhielt, klammerte sich daran, daß seine Finger unter den Nägeln weiß wurden, und nun erst sah sie oben auf der Mauer die Gaffer, die herunterstarrten, nur Augen, nur Neugier, und sie schrie hinauf, mit einer Stimme, die sich überschlug: »So helft mir doch!«

Da teilte sich die Mauer der Gaffer, und ein dicker, etwa vierzigjähriger Mann rannte die Steintreppe herunter, zog den Kahn an der Kette zu der kleinen Steinplatte hin, sprang in den Kahn, nahm Brigitte das Ruder ab, zog es etwas höher und sagte zu Jürgen: »Gib mir die Hand, los, gib mir die Hand. Ja, siehst du nicht, gib mir die Hand.«

»Er kann Sie nicht sehen«, erklärte Brigitte. »Er kann Sie doch nicht sehen. Sehen Sie nicht, daß er blind ist?«

Der Mann fuhr erschrocken zu ihr herum, dann rief er: »Warte, halt dich nur fest, da, mehr am Ruderstiel.« Und zu Brigitte: »Du, zieh das Boot an den Anlegeplatz.«

Brigitte ließ die Kette durch die Hände wandern, stieg auf die Steinplatte, drehte das Boot so, daß auch der Mann auf die Platte steigen und Jürgen zu sich emporziehen konnte.

»Mensch«, rief der Mann, »da haben wir Glück gehabt.« Und zu den Gaffern oben auf der Mauer: »Ich dachte, er macht Blödsinn, ich meine, wer steigt schon von oben in das Wasser.« — Dann betrachtete er Jürgen. »Nietenhosen«, tröstete er ihn, »die werden auf der Haut am besten trocken, und das Hemd ist sicher auch bügelfrei.«

Jürgen versuchte sich zu bedanken, aber der Mann wehrte sich. »Bedank dich bei der Kleinen«, sagte er, »durch die kam ich erst drauf, daß da etwas nicht stimmt.«

Sie gingen durch ein Spalier. Der Dicke blieb zurück. Brigitte hörte noch seine Stimme. »Ein tragischer Fall«, erzählte er,

»der Junge ist nämlich blind. Ich dachte noch, der stellt sich aber dämlich an, aber stellen Sie sich vor, wenn er blind ist. Einem Blinden kann man keinen Rettungsring zuwerfen und sagen, hol ihn dir.«

Die Stimme verklang. Das Rundfahrtboot tutete. Bald würde es den Fluß hinunterfahren. Eine Unzahl bunter Wimpel flatterte vom Bug bis zum Heck.

Erst da merkte Brigitte, daß die Welt wieder farbig geworden war.


»Mach dir keine Sorge«, sagte Jürgen, »es erfährt niemand. Es ist warm, und ich bin bald trocken. Und glaub nicht, daß es auch deine Schuld war. Es war allein die meine. Ich hätte ja auch stehenbleiben können oder nur ein paar Schritte weitergehen. Ich wußte nicht, daß der Kai nur so schmal ist.«

Der Kai war nicht schmal, aber sie schwieg.

»Und außerdem ist es ja noch gut ausgegangen.« Er schien langsam Geschmack an dem Ereignis zu finden, da es nun gut überstanden war. »Wie sah es denn aus, als ich plötzlich dahin ging, wo nichts mehr war?«

»Ach«, seufzte sie noch mitgenommen, »ich mag gar nicht daran denken. Furchtbar hat's ausgesehen. Und dann, ich wußte doch, wie du erschrecken würdest. Ich konnte mir doch vorstellen, wie das ist, wenn man plötzlich den Boden unter den Füßen verliert und nicht weiß, wohin und wie tief man fällt. Angenommen, ich müßte mit zugebundenen Augen gehen und plötzlich würde ich fallen, ich glaube, ich würde vor Entsetzen sterben.«

Er wäre kein junger Mann gewesen, wenn er jetzt nicht gesagt hätte: »Vielleicht ist es bei den Mädchen anders, aber ich erfaßte erst, daß ich gefallen war, als ich schon im Wasser war. Ich konnte gar nicht abschätzen, wie hoch die Mauer war, ich merkte auch kaum, wie ich ins Wasser fiel. Erst die Strömung machte mir bewußt, daß ich im Wasser war. Wie lange war ich eigentlich drinnen?«

Sie wußte es nicht. Sie konnte nichts mehr dazu sagen, sie hatte einen leichten Schmerz im Kopf, und im Magen ein Gefühl, als hätte sie zuviel gegessen und müsse erbrechen. Erst jetzt merkte sie, daß sie ziemlich schnell den Fluß entlanggingen, als liefen sie vor jemandem davon, aber es verfolgte sie niemand. Die Mädchen aus ihrer Klasse waren blitzschnell verschwunden, und die Leute, die neugierig gegafft hatten, waren stehengeblieben, um den Vorfall zu besprechen und neu Hinzukommenden weiterzuerzählen. Immer noch einmal. Mit immer mehr Ausschmückungen.

Vor einer Steintreppe, die vom Damm zum Fluß hinunterführte, blieb sie stehen. Sie bückte sich und legte eine Hand auf den Stein. Er war warm von der Sonne.

»Hier könnten wir uns ein wenig setzen«, schlug sie vor. »Es ist eine Steintreppe, die Stufen sind warm.«

Links und rechts der Treppe wuchs Mauerpfeffer, etwas weiter silbrige Grasbüschel, Löwenzahn, Schafgarbe und Salbei. Wilde Kamille breitete sich aus. — Sie war einmal mit der Schule hier gewesen, zu einer Zeit, als sie noch besser dem Unterricht folgen konnte, da hatten sie die Flora des Flußdammes durchgehechelt. Brigitte erinnerte sich noch genau, sie hatte damals Schachtelhalm und Hirtentäschelkraut gefunden.

Er fragte: »Gibt's was auf dem Fluß zu sehen?«

Es war nichts zu sehen, und das stimmte sie traurig, aber um ihm eine Freude zu machen, ließ sie einige Ruderboote vorüberziehen, Paddelboote, Einer- und Zweier-Kajaks. Sie entdeckte plötzlich, welche Macht sie hatte, sie konnte die Welt verändern, anders gestalten, konnte hinzufügen und auslöschen, und er glaubte es ihr. Wäre er lange mit ihr beisammen, würde er alles empfinden wie sie.

»Schade«, fand er, »daß Boote unten sind, ich hätte gern noch ein paar Steine ins Wasser geworfen.«

Sie ließ die Boote schnell vorüberziehen, auch dazu hatte sie Macht, lief dann hinunter ans Ufer, um ein paar Steine zu holen. Er erklärte, daß es ihm diesmal nicht um die Weite ging, sondern um das Geräusch des Aufklatschens. Er hörte das gern. Jedesmal ergab sich ein anderes Geräusch. Manchmal war mehr ein U herauszuhören, dann wieder ein A, und einmal war es ein richtiges AU. — Zwischendurch stellte er fest, daß das Hemd auf den Schultern schon trocken war.

»Was ist am anderen Ufer?« fragte er später.

»Ein großes Feld, das Überschwemmungsgebiet. Ein Segelflugplatz.«

»Fliegen welche?«

Sie flogen heute nicht, aber er war ins Wasser gefallen, weil er blind war, so pflanzte Brigitte einige Segelflugzeuge in den Himmel, um ihm eine Freude zu machen. Schlanke silbrige Leiber, die hoch oben kreisten. Drei waren es, nein, da war plötzlich noch ein vierter!

»Ist auch ein Zweisitzer dabei?«

Sie strengte sich an und ließ ein Flugzeug einen Zweisitzer sein.

Konnte man sich nicht neben der Treppe ins magere Gras legen?

Sie sagte, daß man das schon könne, weich sei es allerdings nicht. Sie ging ein paar Schritte von der Treppe weg, und als sie eine Stelle mit kurzem, seidigem Gras und Mooskissen dazwischen fand, bot sie ihm diesen Flecken als Lager an.

Jürgen legte sich hin, verschränkte die Arme unter dem

Nacken und sagte: »So ist es schön. Ruhst du dich auch ein bißchen aus?«

Nein, sie legte sich nicht hin. Sie hockte sich mehr als einen Meter von ihm entfernt hin, zog die Beine an und den Rock über die Knie, legte den Kopf darauf und betrachtete ihn.

»Wunderschön!« sagte er faul, und sie hatte das Gefühl, daß er bald einschlafen würde.

»Wie spät ist es?« fragte er dann.

Sie sagte es ihm, obwohl es ihm sichtlich gleichgültig war.

Etwas später schlief er. Und sie hatte Zeit, ihn zu betrachten. Ihn und die schwarzen Läuse auf einem Schafgarbenstengel, zu denen es merkwürdigerweise die Ameisen trieb. Es war heiß, und der Damm war steil, er lag in der prallen Sonne, auf seiner Stirn bildete sich Schweiß. – Unten glitt ein Lastkahn den Fluß hinunter. Die Frau des Kahnführers hängte gerade Wäsche auf, auch Windeln.

Sie haben also ein kleines Kind, dachte Brigitte, und sie musterte die Wäsche genauer, blaue Hemden, geflickt, Schürzen, zwei Leintücher, Decken und Polsterbezüge, Unterwäsche. Es mußte noch ein zweites, älteres Kind mit an Bord sein. – War es ein Junge oder ein Mädchen? Die Frage war erst geklärt, als die Frau ein hellblaues Kleid auf die Leine hängte. Also ein Mann, eine Frau, ein kleines Mädchen und ein Baby. – Strampelhosen, die nun auf die Leine wanderten, waren fast alle blau. Ob es ein Junge war?

Da sitze ich, sagte sie sich, und sehe Dinge, die ich früher überhaupt nicht bemerkt habe. Sicherlich bin ich durch dieses Erlebnis reifer geworden. Und sie dachte zurück an die Regennacht, als sie ihre Familie vor Schaden bewahrt hatte. Eigentlich hätte ich der Schiffersfrau winken sollen, sagte sie sich, als es zu spät dazu war. Und dann malte sie sich aus, daß das Schiff bald im Strom sein werde, vielleicht bis ans Meer fuhr, in einen Hafen mit Hochseeschiffen. Sie hörte den Schrei der Möven.

Wieviel mochte so ein Schiffer verdienen? Sie rechnete sich aus, daß er viel verdienen müsse, weil er doch sicher mehr als acht Stunden im Tag arbeitete.

Dann erschrak sie. Fast hätte sie Jürgen vergessen, der neben ihr schlief. Und da, o Wunder, hatte sich ein Falter auf seine schweißnasse Stirn gesetzt, ein Bläuling, schade, daß sie keinen Fotoapparat mithatte, das hätte sie knipsen mögen.

»Ein Falter auf der Stirn eines Menschen«, sagte sie und kam sich ganz erhaben vor. Vielleicht bedeutete dies etwas, vielleicht war es ein Zeichen, und es konnte doch nur ein gutes Zeichen sein.

Sie saß regungslos und betrachtete das Bild der Arglosigkeit, bis der Falter sich von der Stirn löste und zum Uferrand hinuntergaukelte.

Dort versammelten sich plötzlich viele Bläulinge auf den Steinen, die durch die Wellen des vorbeifahrenden Bootes naß geworden waren.


»Warst du oben?« fragte Brigitte die Mutter, als sie heimkam, und sie mußte sich selbst eingestehen, es war ein wenig Taktik dabei, sie wollte die Mutter ablenken, denn es war später geworden, als sie vorhergesehen hatte.

»Wo oben?« ließ sich die Mutter tatsächlich ablenken.

»Oben, auf dem Dachboden, auf dem Speicher. Du wolltest doch . . .«

»Du weißt doch, daß ich nicht die Zeit dazu habe«, entgegnete Mutter mit einer Stimme ohne Glanz, ohne Mut. Es war die »Ach-wie-bin-ich-müde«-Stimme, die »Alles-bleibt-schließlich-an-mir-hängen«-Stimme.

»Aber du sagtest doch . . .«, wagte Brigitte noch einmal damit zu beginnen.

»Du hast auch gesagt, daß du um sechs zurück bist, und jetzt ist es gleich halb sieben.«

»Ist Papa schon da?«

»Warum soll er nicht da sein?«

Wenn Mutter mit Fragen antwortete, war sie meist gereizt.

Der Vater saß auf dem Balkon. Am Aschenbecher auf dem Tischchen merkte sie, daß er Ärger gehabt hatte, wahrscheinlich im Büro. Wenn er im Büro Ärger gehabt hatte, dann brachte er ihn meist mit nach Hause, um ihn dort zu verteilen. Er konnte ihn nicht unterwegs abschütteln, wie es ihm der Großvater immer riet. Er packte ihn in seine Aktenmappe und schleppte ihn heim. Dort öffnete er die Mappe und ließ den Ärger wie einen Schwarm Fliegen aus. Jeder bekam seinen Teil ab, die Mutter zunächst, dann sie und ihre Schwester. Es war wie in einem Wellenbad. Eine Welle Ärger von Vater, dann die Welle von Mutter, und plötzlich schimpften beide über sie, und sie wußte nicht warum.

»Guten Abend«, begrüßte sie leis den Vater.

Der Vater nickte und blies den Rauch von sich. — »Geht das noch lange mit dem Jungen?« fragte er dann wie nebenbei.

»Mit welchem Jungen?« fragte sie betroffen zurück, obwohl sie wußte, daß der Vater nur Jürgen meinen konnte.

»Mit diesem Blinden«, sagte der Vater. »Du bist noch viel zu jung für so etwas.«

Es schmerzte sie, daß er »mit diesem Blinden« gesagt hatte. Jürgen war ja nicht irgendein Blinder. Es war ihr Blinder, sie hatte ihn entdeckt, und sie wollte ihm so lange helfen, solange er in ihrer Nähe und blind war. Nachher würde sie sich ohnehin still und bescheiden zurückziehen, dann brauchte er sie nicht mehr. Hoffentlich.

»Du bist viel zu jung für so etwas«, sagte der Vater noch

einmal, hielt die Zigarette über den Aschenbecher und ließ nicht den geringsten Aschenrand auf ihr. »Ich an Muttis Stelle hätte dich heute nicht gehen lassen.«

Was meinte er mit »für so etwas?« Meinte er damit etwas Besonderes? Etwas, was nur unter Erwachsenen oder Fast-Erwachsenen vorkam? Auch das kränkte sie, daß er sich so ausdrückte, bewußt so unklar, damit alles gemeint sein konnte, auch etwas Gemeines.

Sie befeuchtete sich die Lippen und wollte fragen, was er mit »so etwas« meine, dann aber sagte sie: »Ich hab' ihn nur an den Fluß geführt.«

Der Vater trommelte auf den Tisch. »Du bist viel zu jung«, begann er noch einmal, »zu jung für diese«, er suchte das richtige Wort und sagte endlich etwas anderes, als er vorgehabt hatte, nämlich: »Verantwortung. — Was glaubst du«, begann er sich sicherer zu fühlen, »was geschieht, wenn irgend etwas passiert, wenn ihm in deiner Begleitung irgend etwas zustößt. Dann hängt das nicht an dir, sondern an mir, ich muß mich dann damit herumschlagen und womöglich noch einen Prozeß mit seinen Eltern führen.«

»Aber was soll denn passieren, wenn ich auf ihn achtgebe?« fragte sie mit schlechtem Gewissen.

»Es kann heutzutage sehr viel passieren«, sagte der Vater. »Bei dem heutigen Verkehr in der Stadt.« Er begann aufzuzählen, was alles passieren konnte. Ein Sturz in den Fluß war aber nicht dabei. Er mußte wirklich einen großen Krach in seinem Büro gehabt haben.

Brigitte begann sich wieder übel zu fühlen, das Kopfweh stellte sich ein, der Magen schnürte sich zu, sie hatte das Gefühl, rülpsen zu müssen und nicht zu können.

Als der Vater eine Weile schwieg, brachte sie vor: »Er geht ohnehin übermorgen zum Professor. Vielleicht sieht er dann bald.«

Aber der Vater war bei seinem Problem, er hörte nicht hin. In seiner Abteilung war ein Schriftstück verlorengegangen, die Kopie eines Vertrages, und obwohl er es persönlich bestimmt nicht verlegt hatte, mußte er den Kopf dafür hinhalten. Allein und im Stich gelassen von allen. In solchen Augenblicken gab es keine Kollegen, keine Freunde, keine Sympathien, keine Dankbarkeit. — »Glaubst du, er wird sich einmal bedanken bei dir?« fragte er seine Tochter. »Glaubst du das? Rechne ja nicht damit! Wenn er sieht, wird er es für selbstverständlich finden, daß du deine Freizeit für ihn geopfert hast. Er wird dich ansehen, sagen, ›ach, so siehst du aus, ich hab' mir dich ganz anders vorgestellt‹. Und dann wird er gehen. Heim zu seinen Eltern, verlaß dich drauf. Du hörst kein Dankeschön von ihm.«

Sollte sie sagen, daß sie es nicht deswegen tat? Daß sie keinen Dank und keinen Lohn erwartete? Daß es um ganz andere Dinge ging? Sie stahl sich leise in das Wohnzimmer zurück, schlich in das Zimmer, das sie mit ihrer Schwester teilte, und traf dort eine wütend schluchzende Ursula. Sie lag bäuchlings auf ihrem Bett und hatte das Gesicht in den Armen vergraben.

»Was ist los?« wollte Brigitte fragen, aber schon nach dem »was ist« fuhr die Schwester sie an, daß man sie in Ruhe lassen möge.

Brigitte setzte sich auf ihr Bett, stützte die Ellenbogen auf ihre Knie und das Gesicht in ihre Hände. Sie hatte wieder einmal das Gefühl, daß Ursula nicht ihre Schwester, ihre richtige Schwester sei und die Eltern nicht ihre wahren Eltern. Ob sie jemand hier in diese Familie zur Pflege gegeben hatte? Ob sie in irgendeinem Heim ausgesucht worden war und die Eltern sie adoptiert hatten? Oder war sie in der Klinik unter den vielen schreienden Babies vertauscht worden und mußte nun, von ihrer wahren Mutter, ihren wirklichen Eltern und Geschwistern weggerissen, unter Fremden aufwachsen? Und wo war dann das Mädchen, das eigentlich in diese Familie gehörte?

Sie schüttelte die Gedanken ab und fragte Ursula, was sie denn habe.

Ursula antwortete mit einem Trommeln der Fäuste in das Kissen.

»Wenn du mich nicht verrätst«, begann nun Brigitte, »sage ich dir etwas. Aber du mußt es für dich behalten.«

Ursula reagierte zunächst nicht, erst nach einer längeren Pause fuhr sie hoch und fragte: »Wann fängst du endlich an?«

»Es«, Brigitte biß auf die Unterlippe, »es wäre beinahe ein Unglück geschehen.«

»Was für ein Unglück?«

Brigitte berichtete. Und sie ging noch einmal den Weg zum Fluß, zu den Anlagen am Kai. Sie ließ noch einmal, wie in einem zurückgespielten Film, die Mädchen auf sich zukommen, die hinter der Tatsache, daß sie mit einem großen Jungen spazierenging, etwas vermuteten. Und sie sah noch einmal Jürgen, schon am Rand der Kaimauer, wie er sich nach ihr umwandte, in die Richtung, aus der sie ihn rief. — Wie war es dann weitergegangen? Wieso war sie plötzlich im Kahn? Und oben auf der Mauer, von unten gesehen gleich über den Schuhspitzen die Gesichter, diese stupiden, neugierigen Gesichter, fasziniert von dem, was geschehen war und geschah, unfähig, sich von diesem Anblick zu lösen, unbegabt zu helfen. Der Mann, der zu ihr ins Boot gestürzt kam, sich an ihr vorüberarbeitete, um das Ruder zu ergreifen, an dem Jürgen hing. — Warum war er gekommen und nicht auch stehengeblieben? Warum waren die anderen stehengeblieben und nicht gekommen? Wieso hatte sie selbst so schnell reagiert?

»Warum ist der Idiot auch weitergerannt?« fauchte Ursula.
»Er wußte doch, daß er am Kai spazierte. Es ist einzig und allein seine Schuld.«
»Nein, meine.«
Sie stritten ein wenig, dann drehte sich Ursula zur Wand und sagte: »Ich würde keinem Jungen helfen, der ins Wasser fällt. Soll er sehen, wie er rauskommt.«
»Aber Jürgen ist doch blind.«
»Glaubst du, deswegen ist er anders?«
»Natürlich, das ist doch ganz klar, wenn du nur überlegst, er . . .«
»Laß mich in Ruhe«, sagte Ursula gelangweilt. »Ich weiß, du kennst das Leben besser als ich.« — Sie lachte. — »Du hast vielleicht eine Ahnung.«
Brigitte erhob sich. Es mußte so gewesen sein, in der Klinik war sie vertauscht worden. Einmal würde sie Nachforschungen anstellen, wer ihre wahren Eltern sein könnten. Ursula war bestimmt nicht ihre Schwester, ihre ›leibliche Schwester‹ sagte man wohl. Und so wie der Vater heute war und die Mutter, nein, das waren nicht ihre Eltern. Sie wollte noch ein wenig in den Hof hinunter.
»Wo willst du hin?« fragte die Mutter durch die offene Küchentür, und es war ihre armselige Stimme.
»Nur ein bißchen hinunter«, bettelte sie.
»Wir essen gleich.«
»Nur ein bißchen noch.«
»Aber wenn ich rufe, bist du oben.«
Sie rannte hinunter in den Hof, setzte sich auf die Bank, die der Lieblingsbank Jürgens gegenüber stand. Seine Bank war leer. Er war jetzt sicher bei seiner Tante, wahrscheinlich hatte sie den Tisch gedeckt und sie saßen beim Abendessen.
Wie war das? Mußte man ihm das Fleisch schneiden oder

konnte er das selber? Wie konnte er beispielsweise die Suppe essen ohne seine Jacke, sein Hemd, seine Krawatte zu beschmutzen? Vater sah sehr gut und ihm passierte das immer wieder, besonders die Schlipse bekamen Kleckse ab.

Brigitte war noch ganz bei diesem Problem, als sie die Stimme des Großvaters zusammenfahren ließ. Sie hatte nicht bemerkt, daß er sich verstohlen neben sie gesetzt hatte.

»Ganz allein?« fragte er. »Und dann noch so in Gedanken?«

Sie fragte: »Bin ich noch zu jung, um einen Blinden spazierenzuführen?«

Großvater war enttäuscht, wollte er doch die Geschichte von dem Vogel erzählen, der in seiner Geldbörse, die er durch Zufall am offenen Fenster hatte liegenlassen, ein Nest gebaut, Eier hineingelegt hatte und nun am Brüten war. Genau auf seinem ganzen Monatsgehalt. Er mußte nun warten, bis die Jungen flügge wurden, ehe er wieder zu seinem Geld kam, und außerdem immer das Fenster offenlassen, besonders bei Regen. — »Was hast du gefragt?« wollte er daher noch einmal wissen.

»Nichts«, sagte Brigitte, »aber wenn Hunde einen Blinden spazierenführen können, dann werd ich das wohl auch noch fertigbringen.«

Großvater wollte einen Scherz machen. »Und womit wedelst du?« fragte er. Das war doch harmlos, vielleicht lachte sie dann.

Aber sie lachte gar nicht. Sie hatte vielmehr noch eine andere Frage für ihn — »Stimmt es«, fragte sie, »daß du dagegen warst, daß Mutti malt?«

Der Großvater schwieg.

Also stimmte es. — »Warum?« fragte sie beinahe bös.

»Ich wollte nicht, daß sie hungert.«

»Und wenn sie nicht gehungert hätte?«

»Das schaffen nur ein paar unter tausend.«

»Vielleicht hätte sie es geschafft.«

»Und wenn sie es nicht geschafft hätte?« fragte der Großvater zurück.

Brigitte stand auf, stellte sich ihm gegenüber und fragte:
»Und wenn sie trotzdem glücklicher gewesen wäre?«

Sie mußte irgendwo in einem anderen Land gewesen sein,
lange Zeit, sonst hätte sie sich nicht so gewundert, plötzlich
ihre Mutter zu treffen. Ihre Mutter ging mit einem Mann,
der jünger war als Vater, und es war auch nicht der Vater,
fast hätte es Jürgen sein können, aber für Jürgen war er zu
alt, und außerdem trug er keine dunkle Brille, nein, Jürgen
war es nicht. Ein Vetter ihrer Mutter war es möglicherweise. Brigitte erinnerte sich, er war Hafenbauspezia-
list. Irgendwo in Nordafrika, in einem nordafrikanischen
Hafen, war ihm einmal ein Betonblock auf den Fuß gefallen, und der Fuß mußte amputiert werden. Seitdem trug
er eine Prothese und hinkte ein wenig, und genauge-
nommen hätte er auch tot sein können, aber so hatte er nur
den Fuß eingebüßt.

Und doch war es auch nicht ganz dieser Vetter. Denn der
Mann, mit dem Mutter ging, hinkte nicht: wer war es
dann?

Brigitte lief auf ihre Mutter zu, und jetzt erst merkte sie,
daß die Strecke viel länger war, als sie gedacht hatte. Sie
mußte länger laufen, als sie es gewohnt war, wurde müde
und atemlos, konnte immer schwerer ihre Beine heben, nur
mit größter Anstrengung noch, und als sie endlich bei der
Mutter war, tat diese, als erkenne sie ihre Tochter nicht.
Sie sah sie an wie eine Fremde, und erst nachdem Brigitte

der Mutter gesagt hatte, wer sie sei, sah sich diese um, hob den rechten Zeigefinger an die Lippen, winkte sie zu sich heran und fragte: »Erkennt man eigentlich, daß ich schon tot bin?«

Brigitte wollte etwas erwidern, aber die Mutter schüttelte den Kopf. Sooft Brigitte etwas sagen wollte, schüttelte die Mutter den Kopf, und so konnte sie nichts reden.

Dann ging die Mutter weiter, und — schon in einiger Entfernung — rief sie: »Aber sag es niemandem, hörst du?«

Sie versprach, es niemandem zu sagen. Und begann zu weinen. Davon wachte sie auf, aber da merkte sie, daß gar nicht sie weinte, das Weinen kam vielmehr aus dem Bett ihrer Schwester.

»Ursula?« rief sie leis.

Ursula verhielt sich still.

»Ursula?« fragte sie noch einmal, und als ihre Schwester nicht antwortete, stieg sie aus dem Bett, schlich zu dem Ursulas hinüber und setzte sich auf die Kante.

Jetzt, nach diesem Traum, und in der Nacht, da es so entsetzlich still war, liebte sie ihre Schwester plötzlich. Es gab keinen Zweifel, Ursula war doch ihre Schwester. Nur Ursula konnte ihre Schwester sein. Vielleicht waren sie beide bei den falschen Eltern gelandet. Wer wußte es? Vielleicht wären andere Eltern mit ihnen und sie mit anderen Eltern glücklicher gewesen. Wer konnte das sagen?

»Ursula«, fragte sie, »was hast du?« — Sie fragte, obwohl sie zu ahnen begann, was Ursula bedrückte. Mehr noch, sie ahnte die Welt und was sie bereithielt, sie ahnte das Leben, ihres und das ihrer Schwester. Sie hatte ihre Tage im Dämmer hingebracht, sich in trauter Umgebung gewöhnt, nun wurde es heller, und sie begann sich zu fürchten. — Aber noch hoffte sie auf eine andere Möglichkeit. Sie legte die

Hand auf die Schulter der Schwester. — »Haben sie dir etwas abgeschlagen?«

Nach langer Zeit wiederholte Ursula bitter: »Abgeschlagen!«

Also waren es nicht die Eltern. Sie atmete auf und erschrak zugleich. — War es Thomas, für den Ursula durchs Feuer gegangen wäre?

»Abgeschlagen«, sagte Ursula noch einmal und dann ärgerlich: »Warum läßt du mich nicht schlafen?«

»Du hast mich doch aufgeweckt«, widersprach Brigitte sanft. »Du warst doch schon wach.«

»Aber jetzt möchte ich schlafen.«

»Sag mir, was du hast.«

»Ich hab' nichts.«

»Sag mir, was dir fehlt.«

»Das verstehst du nicht.«

»Doch, ich verstehe es. Das kannst du mir glauben. Ich verstehe vielleicht mehr, als du denkst.«

»Das glaubt man so in deinem Alter«, sagte nun Ursula. »Das kenn' ich. Aber später dann, wenn du erst einmal so alt bist wie ich, wirst du merken, daß es Dinge gibt, die einem nicht im Traum eingefallen sind.«

Wenn sie wüßte, was ich eben geträumt habe, dachte Brigitte, und sie gestand: »Ich träume sehr viel. Ich träume Dinge, die du nicht ahnen kannst, mit mir kannst du wirklich reden.«

»Warum kümmerst du dich so um mich?« fuhr die Schwester sie an. »Wer sagt dir, daß ich das will, wer sagt dir, daß ich nicht wütend werde, wenn man so in mich hineinkriecht wie du?«

»Ich will ja nicht in dich hineinkriechen«, erwiderte Brigitte.

»Und das weißt du auch, du willst es nur nicht zugeben.«

Als Ursula schwieg, begann Brigitte den Traum zu erzählen,

und am Schluß wiederholte sie noch einmal die Worte der Mutter: »Erkennt man eigentlich, daß ich schon tot bin?«

Ursula drehte sich auf den Rücken, und Brigitte fühlte, daß sie mit offenen Augen dalag. »Das ist ein seltsamer Traum«, meinte Ursula dann. »So etwas hab' ich nie geträumt, aber wer weiß, vielleicht ist sie so, sie weiß es, und sie sagt es uns nur nicht. Papa hat sicher keine Ahnung davon. Schließlich ist er ein Mann. Er merkt nicht, was mit ihr los ist, sie merkt nicht, daß er auch nicht ganz glücklich ist, und sie beide merken nicht, was mit uns los ist.«

»Und was ist mit dir los, Ursula?«

»Nichts«, sagte Ursula abweisend. »Oder glaubst du, ich weine einem kleinen Schuft nach, der sich plötzlich mit einem älteren Mädchen, das außerdem schon verlobt ist, aus dem Staub macht?«

»Thomas?« fragte Brigitte.

»Hieß er so?« fragte Ursula zurück. Und nach einer Weile meinte sie zärtlich: »Maus, du mußt jetzt ins Bett. Heute kam Doktor Börner eigens in unsere Klasse und fragte mich, was mit dir los ist.«

»Und was hast du gesagt?«

»Ich hab' ihm das gesagt, was ich dachte, daß er es denken würde und hören wollte. Er ist doch so stolz auf seine Psychologie, und ich wollte ihm die Freude machen.«

»Du bist gemein«, rief Brigitte, weil sie nicht recht verstand. »Was hast du gesagt?«

»Ich sagte, er könne sich doch vorstellen, was ein Mädchen in deinem Alter für Schwierigkeiten ganz allgemeiner Natur hat.«

»Und was hat er darauf geantwortet?«

»Er war zuerst erleichtert, dann stolz und froh, weil er sich das gedacht hatte. Aber dann hat er noch etwas gesagt, und das hat mir gezeigt, daß er klüger ist, als ich dachte.«

»Was denn?«

»Es war irgend etwas von Hofmannsthal, und es hat mir gezeigt, daß er begriffen hat, was du für ein Mensch bist. Ich hab' ihn direkt gemocht, weil er das sagte.«

»Weißt du es nicht mehr?«

»Warte, ich hab's doch immer wieder gesagt. Es paßt nämlich auf dich, und ich fand's toll, daß dich Börner so erfaßt hat. Man glaubt doch nicht, daß ein Lehrer so weit denkt.«

Und da hatte sie es:

»Ganz vergessener Völker Müdigkeiten
kann ich nicht abtun von meinen Lidern,
noch weghalten von der erschrockenen Seele
stummes Niederfallen ferner Sterne.«

Zum erstenmal begriff Brigitte, was sie bisher immer nur nachgeplappert hatte. Die »Allgegenwart« Gottes. Sie hatte sich nie so richtig vorzustellen versucht, was dieses Wort bedeutete. Es bedeutete nicht nur, daß Gott sich gleichzeitig in ihrem Klassenzimmer befand, sondern auch in denen daneben, darunter und darüber, ja, sogar auch in der Direktion. In einem ganzen Haus, in sämtlichen Stockwerken und sämtlichen Zimmern war er allgegenwärtig. Gut, das konnte man sich noch zur Not vorstellen.

Gott war aber auch zur gleichen Zeit in der Klinik des Professors, zu dem Jürgen heute bestellt war. Er war in allen Krankenzimmern, den Operationsräumen, den Untersuchungszimmern, auch in dem des Primars. Darum beneidete sie heute Gott.

Natürlich war ihr klar, daß Gott nicht nur in der Schule und in der Klinik, nicht nur in dieser Stadt und dem Land, sondern überall war, in den Iglus der Eskimos und den Lehmhütten der Araber, in Hongkong und Rom, auf dem Atlantik und in der Wüste Gobi, auf den Gipfeln des Hindukusch und in den Tiefen des Marianengrabens . . .

Und hätte sie genauer hingehört, wäre zu vernehmen gewesen, daß Fräulein Gierke davon sprach, es gäbe in letzter Zeit eine Schülerin in der Klasse, die es fertigbringe, trotz unleugbarem Vorhandensein durch Abwesenheit zu glänzen. — »Und was das Allerschönste ist, sie hört nicht einmal das. — Brigitte!«

Brigitte fuhr hoch. Sie hatte das Gefühl, auseinandergeplatzt zu sein wie ein Sack Erbsen, und sie mußte sich nun selbst zusammenklauben, zusammenfügen, und das fiel furchtbar schwer. Es war einfach zu viel verlangt von einem Sack Erbsen.

Fräulein Gierke kam näher, ihr Atem roch noch nach der Wurst, die sie in der Pause gegessen hatte. Und sie sagte, daß ihre Geduld auch einmal zu Ende gehe. Mit der Geduld war es wie mit der Wurst, nichts währte ewig.

Brigitte wußte, es ging nur noch um den heutigen Tag. — Nein, es waren noch viele Tage, sie zählte sie für sich auf. Da war der Tag, an dem er operiert, der Tag, an dem ihm der Verband von den Augen genommen wurde. Dann nämlich wußte man erst, ob die Operation erfolgreich gewesen war. Und obwohl sie selbst in diesem Zusammenhang ganz uninteressant schien, sollte sie sagen, was mit ihr los sei.

Was war mit ihr los?

Nichts!

Da gab es nichts, um in sich hineinzulauschen oder um den Mund aufzutun und A zu sagen. Da gab es keinen Blick auf die Mandeln, keinen Griff nach den Drüsen, kein Fieberthermometer, das erst heruntergeschüttelt werden mußte . . .

Und doch fühlte sie plötzlich, daß ihre Situation hoffnungslos war, wenn sie keinen Grund lieferte, wenn sie nicht erklärte, warum und wieso sie abwesend gewesen sei. In der Schule und im Beruf mußte alles begründet sein, das wußte sie schon. Man durfte nicht fehlen ohne Grund und genauso mußte man auf Grund von Gesetzen die Schule besuchen. Es gab nichts ohne Grund.

Brigitte sah sich bedroht, wußte, was kommen würde, die Eintragung ins Klassenbuch, der Gang in die Direktion, ein ernstes Wort des Direktors, eine Mitteilung an die Eltern, und ihre Mutter würde in die Schule gehen und möglicherweise dem Direktor sagen: »Erkennt man eigentlich, daß ich schon tot bin?«

So weit konnte sie es, ja, durfte sie es nicht kommen lassen.

Sie stützte sich auf die Bank und sagte in den Wurstatem hinein: »Verzeihung, mir ist nicht gut.« — Sie glaubte es im gleichen Augenblick, und jeder, der sie nur ein wenig ansah, mußte es auch glauben.

»Setz dich«, sagte Fräulein Gierke, »setz dich, oder noch besser, ich lasse deine Schwester kommen, sie soll dich nach Hause bringen.«

Einige Hände fuhren hoch, es gab mindestens ein halbes Dutzend Mitschülerinnen, die Brigitte so liebten, daß sie sie nach Hause bringen wollten. »Bitte, ich«, riefen sie, und einige schnalzten sogar mit den Fingern, um sich besser Gehör zu verschaffen.

»Nein, Karall, du läufst hinauf und bestellst beim Kollegen einen Gruß von mir und sagst, man möge ihre Schwester schicken, sie soll Brigitte nach Hause bringen.«

Brigitte mußte sich setzen.

»Mein Gott!« rief Fräulein Gierke nun, »schnell, bringt ihr ein Glas Wasser!«

Alle Mädchen waren unterwegs, um ein einziges Glas Wasser zu bringen. Es war rührend, wie sie um ihre Mitschülerin besorgt waren. Sie gaben außerdem Tips zur schnelleren Gesundung. Man wollte ihr ein feuchtes Tuch auf die Stirn oder in den Nacken legen, in die Direktion eilen, um eine Tablette zu holen ...

Aber da kam, leider viel zu früh, ihre große Schwester, und sie war rücksichtslos genug, nicht noch ein wenig zu warten. Nein, sie unterbrach die Unterbrechung des Unterrichts beinahe brutal und entführte die blasse, leidende Brigitte, trug ihre Ledermappe, bedankte sich bei Fräulein Gierke und ließ die Lehrerin, die zwei Dutzend Mädchen und das volle Glas Wasser zurück.

»Erschrick nicht, es ist nicht schlimm«, sagte Ursula an der Tür, als die Mutter öffnete. Aber wann schon halten sich Eltern an das, was ihnen die Kinder raten?

Die Mutter erschrak und fand es schlimm, sehr schlimm sogar: »Du siehst aus!« rief sie. »Du bist ganz grün im Gesicht, sofort, marsch ins Bett mit dir! Ich rufe gleich Doktor Breuer an.«

»Aber nein!« widersprach Ursula in ihrem provozierenden Ton, oder besser gesagt, in dem Ton, der die Mutter ärgerte. — »Sie hat doch nicht einmal Fieber. Setz du dich einmal in eine schlecht gelüftete Klasse, dann wird dir auch schlecht.«

»Gut, dann werden wir die Temperatur messen.« Die Mutter holte das Thermometer aus dem Arzneischrank im Badezimmer, und Brigitte mußte die Schuhe abstreifen, sich auf die Couch legen und sagen, daß sie keine Schmerzen habe, und daß sie nicht schwindlig gewesen sei, und daß sie nicht erbrochen habe, und daß ihr Stuhlgang, soweit sie das beurteilen könne, in Ordnung sei.

»Du machst immer gleich ein Mordstheater draus!« schalt Ursula. »War dir nie schlecht in diesem Alter?«

Die Mutter versuchte sich zu erinnern. Ihr fiel alles Mögliche ein, daß sie mit acht Masern hatte, oder waren es die Windpocken? Und mit zehn hatte sie Mumps, viel mehr war sie nie krank gewesen. Kopfweh vielleicht das eine oder andere Mal, Schnupfen hin und wieder, eine Erkältung. Sie konnte in ihrer Erinnerung aber nicht das zwölfjährige Mädchen finden, das sie gewesen war. Diesen Menschen, der doch einmal existiert haben mußte, hatte sie vergessen.

Sie wußte nur so viel, daß man am besten neben dem Patienten stehen blieb, wenn man Fieber messen wollte. Es gab Möglichkeiten, die Temperatur zu manipulieren, Möglichkeiten, die Quecksilbersäule nach oben oder unten zu treiben, ganz wie man es brauchte. Sie hatte das ja nie getan, aber ihr Mann hatte es erzählt.

Es wurden hübsche runde siebenunddreißig Grad bei Brigitte.

»Also marsch ins Bett!« rief die Mutter. »Wenn die Temperatur steigt, rufe ich den Doktor an.«

»Aber mir war doch nur einen kurzen Augenblick nicht ganz wohl«, widersprach Brigitte.

»Du dramatisierst immer«, warf Ursula der Mutter vor.

Aber es half nichts. Die Mutter blieb dabei. Der Nachmittag sank dahin, ehe er begonnen, die Möglichkeit ging verloren, ganz schnell zu erfahren, was der Professor gesagt hatte. Wer weiß, ob sie Jürgen überhaupt noch sah.

Die Mutter lief herum, um das Bett frisch zu beziehen, und führte Selbstgespräche in einer weinerlichen Tonart, die beide Schwestern nicht mochten. Im Grunde bedauerte sie ja nicht ihre Tochter, sondern sich wegen der vermehrten Arbeit, die ihr nun ins Haus stand.

Sogar das Mittagessen mußte Brigitte im Bett einnehmen. Und wieder würzte die Mutter das Essen mit Bemerkungen, ob nicht doch ein längerer Aufenthalt in einem Heim auf dem Lande etwas Gutes für Brigitte sei.

Brigitte, die bis dahin nicht über Mangel an Appetit zu klagen hatte, legte die Gabel weg. Die Kartoffeln, das Gemüse, das Huhn auf dem Teller, sie wurden zu einer äußerst zähen Masse, die nach nichts schmeckte und die Eigenschaft hatte, durch Kauen um ein Vielfaches vermehrt zu werden. Brigitte würgte noch ein paar Bissen hinunter, dann konnte sie nicht mehr. Ein Gefühl des Ekels schlich sich ein, Nässe trat in ihre Augen, als müsse sie jeden Augenblick erbrechen.

»Was ist?« rief die Mutter aufgeregt.

»Sie kann nicht mehr, siehst du das nicht?« antwortete Ursula wieder in ihrem aggressiven Ton. Am liebsten hätte sie gesagt, du hast ihr den Appetit genommen.

Die Mutter begann zu zittern. — »Liebes, kannst du wirklich nicht mehr?« — Sie strich die Bettdecke glatt, schüttelte das Kissen durch, als könnte in Falten und Federn der verlorengegangene Appetit verborgen sein.

Brigitte legte sich zurück und schüttelte den Kopf. Ihr war jetzt wirklich ein bißchen übel. Es ging vom Magen aus oder von der Stelle, auf die der Arzt einmal gedeutet und gesagt hatte, daß sich hier der Plexus solaris befinde, zu Deutsch das Sonnengeflecht.

»Soll ich ein Kompottglas aufmachen?« fragte die Mutter.

Kopfschütteln.

»Birnenkompott?«

Brigitte überlegte kurz und schüttelte auch dann den Kopf.

Also ist es schlimm, schloß die Mutter, wenn sie nicht einmal Birnenkompott will. Und dann dachte sie: Sie ist mein Sorgenkind. — Und ihr fiel ein, daß sie einmal gelesen hatte, daß die Mütter ihre Sorgenkinder besonders lieben. Liebte sie Brigitte eigentlich besonders? Natürlich liebte sie ihre Kinder, und sie wollte sie auf keinen Fall verlieren, jetzt, wo man schon so viel Arbeit und Entbehrung in sie hineingesteckt hatte, und Geld natürlich auch.

Sie ergriff die Hand Brigittes und tätschelte sie, und so am Bettrand sitzend überfiel sie eine schwere Müdigkeit, nur mit Mühe hielt sie die Augen offen, am liebsten hätte sie sich hingelegt, so müde war sie.

»Ich habe dich was gefragt«, sagte Brigitte.

Die Mutter fuhr auf. »Ich war ein bißchen abwesend, sag's doch noch einmal.«

»Gehst du heute auf den Speicher hinauf?«

»Auf den Speicher? — Warum?«

Brigitte schüttelte den Kopf. — »Weißt du das nicht mehr?« — Und im stillen wunderte sie sich über die Erwachsenen, die manche Dinge so schnell vergessen konnten. »Weißt du das wirklich nicht mehr?«

»Ach so ja, natürlich, jetzt fällt es mir ein.« — Sie machte eine Pause und sagte dann: »Du bist wirklich ein wenig lästig. Kannst du dich nicht gedulden, bis ich die Zeit aufbringe, oben einmal nachzusehen? Ich könnte dann oben auch noch gleich ein paar andere Sachen erledigen.«

»Was?«

»Alte Kleider aussortieren und sie weggeben. Ich hab' so viel zu tun.«

»Aber das könntest du doch für später aufheben.«

»Ja schon, aber jetzt, solang du krank bist, geht's auf keinen Fall.« — Die Mutter tätschelte etwas abwesend die Wangen ihrer kleinen Tochter, erhob sich und verließ das Zimmer.

Brigitte lag langgestreckt da, die Arme auf der Decke, und starrte zum Plafond. »Ist er schon unten?« fragte sie nach langer Zeit.

Ursula trat ans Fenster und sah hinunter.

»Noch nicht, Maus«, sagte sie.

Jürgen roch noch etwas nach der Klinik, als er an Brigittes Bett trat. In seinem Anzug mußte sich der Geruch der Desinfektionsmittel, der Geruch von Salben, Essenzen, Arzneien eingenistet haben. Er brachte fremde, noch ungeahnte Welt mit, Angst und Bedrohung, Zittern und Hoffnung.

Sie war froh, daß sie lag, und diesmal auch fast froh, daß er blind war. Sie mußte sich nicht verbergen, mußte ihr Gesicht nicht abwenden, sollte sie erschrecken, wenn er eine schwarze Nachricht brachte.

»Nimm Platz«, hatte sie gesagt, und Ursula hatte ihm einen Sessel hingeschoben und war gegangen, um ein Glas Mineralwasser zu holen.

Es war eine Ewigkeit her, seit sie gegangen war, eine lange, lange Zeit, die fast nie begonnen hatte. Und er saß schon eine Ewigkeit auf dem Stuhl neben ihrem Bett, eine lange, ausgedehnte Ewigkeit. Die Pendel der Zeit waren ausgehängt, die Sekunden hatten aufgehört, sie wagte nicht zu fragen. Dabei hätte eine einzige Silbe genügt, drei Buchstaben, das winzige Wort »nun?«

Er saß zwar auf dem Stuhl dicht neben ihrem Bett, und doch war er weit von ihr weg. Weiter als heute vormittag, da sie in der Schule und er in der Klinik war, weiter noch, als sie nichts von ihm gewußt hatte. Vielleicht hatte er auch schon gesagt, was in der Klinik alles geschehen war, ihr mitgeteilt, wozu sich der Professor entschlossen hatte, und sie hatte es nur nicht hören können, weil er so entsetzlich weit entfernt war.

Da räusperte er sich. Er war also doch so nah, wie es ihre Augen sahen. Es war keine Täuschung. Und da auch er unsicher zu sein schien, fragte er: »Hörst du mir zu?«

»Ich höre«, sagte sie mit erstickter Stimme.

»Er wird operieren«, sagte er da heiser, als hätte er einen Fußballländerkampf besucht. »Er wird. Heute in einer Woche.«

Ursula trat mit dem Mineralwasser ein. Sie brachte das Glas

auf einem kleinen Tablett. Das Wasser schwankte im Glas.

»Er wird operieren!« rief Brigitte ihrer Schwester zu.

Ursula verschüttete etwas Wasser auf dem Tablett und sagte leiser als beabsichtigt, aber erfreut: »Nein.«

»Doch!« rief nun Jürgen, »er hat mich lange untersucht.«

»Wie lange?« wollte Brigitte wissen.

»Ach, vielleicht war es gar nicht so lange. Es war wahrscheinlich nur für mich ewig lang. Ewig lang. Ich hab' immer wieder seinen Atem gespürt, und seine Hände, und manchmal hat er sich geräuspert, und dann muß er mit seinem Assistenten Blicke gewechselt haben, denn mehr als ›hm?‹ oder ›ehem‹ hab' ich nicht gehört.«

»Und sonst hat er nichts gesagt?«

»Doch, aber erst am Schluß.«

Brigitte setzte sich auf. »Was hat er gesagt?«

»›Na, dann wollen wir's versuchen.‹ — Genauso. ›Heute in einer Woche.‹«

»Und sonst nichts?«

»Er hat nur noch gesagt, ich soll nicht glauben, daß es eine hundertprozentige Sache ist. Wenn's hoch kommt, stehen die Chancen fifty-fifty. — Wenn's hoch kommt«, wiederholte Jürgen nach einer Weile.

»Aber er würde doch nicht operieren, wenn er nicht Hoffnung hätte«, gab Ursula zu bedenken.

Brigitte legte sich zurück. — Also würde der Professor operieren, und die ganze Aufregung, die Unaufmerksamkeit in der Schule waren umsonst gewesen.

»Hörst du zu?« fragte er wieder, weil er ihre Stimme vermißte.

Sie sagte: »Ja, ich höre zu, ich weiß nur im Moment nicht, was ich sagen soll.«

»Meine Tante hat geheult«, berichtete er.

»Das würde ich in solch einem Fall auch«, verriet Ursula. »Furchtbar würd' ich heulen. Rotz und Wasser!«

»Und dann sind wir auf das nächste Postamt und haben ein Telegramm aufgegeben, nach Hause.« Jürgen schlug die Beine übereinander. »Vielleicht haben sie's schon.«

»Menschenskind«, sagte Ursula, »die werden sich freuen!«

Brigitte starrte zur Decke. In einer Woche also würde er operiert. Dann kam die Zeit im Spital, und nachher würde er aus dem Spital entlassen werden. Sie war fast sicher, daß er dann noch nicht zu seinen Eltern fahren konnte. Wahrscheinlich war bei ihm nötig, was man eine Nachbehandlung nannte. Möglicherweise brauchte er sie, Brigitte, auch dann noch. — Vieles in der Stadt hatte sich in den Jahren seiner Blindheit geändert, außerdem mußten sich seine Augen erst ans Sehen gewöhnen. Sie war fast gewiß, daß sie sie brauchen würde. Zum Beispiel, wenn er lernen mußte, Entfernungen abzuschätzen. Vielleicht sagte er dann einmal, ›wer weiß, ob alles so gekommen wäre, hättest du mir nicht so Mut gemacht‹. — Nein, gewiß, sie wollte nicht mehr. Keine ewige Liebe oder so, aber ein bißchen Anerkennung oder ein bißchen Dank. Und wenn es nur darum ging, daß sie und nicht ihr Vater recht behielt. Warum sollte Jürgen ihr nicht dankbar sein? Er war schließlich noch nicht erwachsen. Er war jung, fast so jung wie sie. Junge Menschen waren meist besser als Erwachsene. Vielleicht, daß er sie auch einmal zu seinen Eltern einlud. Und er würde sie seinen Eltern und allen Bekannten und Verwandten vorstellen und sagen: ›Das ist Brigitte, der ich so viel zu verdanken habe.‹ — Aber was hatte sie eigentlich wirklich für ihn getan?

»Und was kostet die Operation?« hörte Brigitte Ursula fragen.

»Die genaue Summe hat er noch nicht genannt. Von dem, was die Operation kostet, hat er überhaupt nicht gesprochen. Vielleicht macht er's ein bißchen billiger. Er weiß ja, daß wir keine reichen Leute sind, und die Tante hat's ihm noch einmal gesagt.«

Einmal, dachte sie, würde sie ihn im Spital besuchen, vielleicht, wenn er noch mit dem Verband um die Augen lag, damit es noch einmal war wie früher. Ja, so war es wohl am besten, solange er noch nicht sah, vor dem Tag vielleicht, an dem die Verbände abgenommen wurden.

»Von einem Bekannten«, erzählte Jürgen Ursula weiter, »von einem Bekannten, nämlich von dem, durch den wir überhaupt auf diesen Professor gekommen sind, haben wir gehört, daß er einmal eine Operation verschieben mußte, ein Herzog in England war mit seinem Privatflugzeug abgestürzt, und da wurde er telefonisch um Hilfe gerufen.«

Mir hat er das nie erzählt, dachte sie ohne Ärger, aber doch nicht ganz ohne Eifersucht. Sie bedauerte sich deshalb ein wenig. Er hätte doch auch bei ihr darauf kommen können. Es war eine Geschichte, noch dazu eine mit einem Herzog.

Sie würde an sein Bett treten und sagen ›Jürgen, ich bin's!‹ Sicher war er allein, und sie würde sich einen Stuhl nehmen und ihn an das Bett rücken. Sie würde ihm erzählen, was für ein Tag draußen war, daß der Jasmin blühte, daß es Sommer wurde, die großen Ferien vor der Tür standen.

»Brigitte, hörst du zu?« fragte er da.

Und sie sagte: »Ja, ich höre zu.« — Sie würde ihm von Rosen erzählen, die im Stadtpark blühten, Tausende von Rosen, alle Farben konnte sie ihm schildern, viel mehr noch, als sie wirklich gesehen hatte.

Und er würde blaß und weiß in seinem Bett liegen und ihr lauschen. Später dann, als alter Mann, würde er sich wieder an sie erinnern. Da war doch ein kleines Mädchen, würde er denken, damals, als ich blind war, mit dem bin ich doch öfter spazierengegangen, und es konnte so wunderbar schildern, was ringsum vor sich ging. Wie hieß denn gleich die Kleine? Brigitte sah ihn förmlich als alten Mann auf einer Parkbank sitzen, in die Sonne blinzeln und ihren Namen in dem Gestrüpp seiner Erinnerungen suchen. — Ob andere junge Leute auch solche Gedanken hatten wie sie? Und wenn, schon so früh, in ihrem Alter?

Die Mutter betrat das Zimmer, bereit, eine sterbenskranke, ja, eine mit dem Tod ringende Tochter vorzufinden.

»Wie geht's, Liebling?« flüsterte sie besorgt.

»Beruhige dich«, antwortete Ursula an Brigittes Stelle etwas barsch. »Es geht ihr ausgezeichnet. Weißt du schon, daß der Professor Jürgen operieren wird?«

Brigitte beobachtete, wie lange die Nachricht brauchte, bis sie der Mutter ins Bewußtsein drang. Die Mutter war in Gedanken sicher ganz anderswo gewesen, und nun hatte Ursula das von Jürgen und vom Professor gesagt, und nun wanderte die Nachricht von ihrem Gehörgang weiter, bohrte sich wie mit einem Gewinde in ihr Bewußtsein, und da, endlich, sagte Mutter: »Nein, das ist doch nicht möglich!«

»Doch!« rief Jürgen froh. »Wirklich, er hat's gesagt. Natürlich darf ich mir keine zu großen Hoffnungen machen. Aber die Chancen stehen ungefähr fifty-fifty.«

Er spricht wie von einem Boxkampf oder einem Fußballspiel, dachte die Mutter, aber sie sagte laut: »Nein, das freut mich wirklich. Für Sie, Jürgen, und für Ihre Eltern, was müssen die mitgemacht haben in der Zeit, seit das geschehen ist.«

»Natürlich«, sagte er kleinlaut.

»Heute in einer Woche hat er's schon überstanden«, kam ihm Ursula zu Hilfe.

Aber die Mutter fühlte sich weiter mit Jürgens Eltern solidarisch. »Es wird ein schönes Stück Geld kosten«, sagte sie. »Da werden Ihre Eltern auf manches verzichten müssen.«

»Glaubst du, daß er das ausgerechnet heute hören will?«
fragte Ursula beinahe wild.

Sie fragt immer so direkt, dachte Brigitte, nie würde sie
selbst so fragen können. Ursula ging mit ihren Fragen
immer gleich in den Nahkampf.

»Aber Kind, ich wollte ihm doch nicht die Freude nehmen«,
verteidigte sich die Mutter. »Aber als Mutter wird es mir
doch erlaubt sein, auch an seine Eltern zu denken. Oder
nicht?«

Jürgen war rot geworden, und Brigitte fiel ein, daß sie schon
lange nichts gesagt hatte. Bevor sie jedoch antworten
konnte, fuhr Ursula dazwischen: »Glaubst du nicht«, sagte
sie, »daß er alles, was du sagst, schon zum dutzendstenmal
zu hören bekommt? Glaubst du nicht, daß er es heute schon
mindestens zum tausendstenmal bereut hat, daß er damals
die Explosion nicht verhindert hat? So kann man sich doch
heute freuen, daß wenigstens eine fünfzigprozentige Chance
besteht.«

»Aber ich . . .«, wollte die Mutter zu einer Entgegnung an-
setzen, dann besann sie sich jedoch und fand: »Es wäre vielleicht gut, Jürgen, wenn Sie Ihren Besuch nicht zu lange aus-
dehnten. Brigitte hat erhöhte Temperatur, und ich kann
noch nicht wissen, was sie ausbrütet.«

Ursula schnappte nach Luft, wollte etwas erwidern, überlegte es sich aber dann. Peinliche Stille breitete sich aus.
Brigitte fühlte, daß ihr irgend etwas fehlen mußte. Sie war
nämlich zu müde, um über Mama traurig zu sein.

»Ich wollte ohnehin bereits gehen«, hörte sie Jürgen wohlerzogen lügen.


Ursula hockte an ihrem Tisch und sah zum Fenster hin. Sie
sah draußen nichts Bestimmtes, nahm kaum den Vorhang
wahr und schon gar nicht den Balkon gegenüber, das Stück

Ziegeldach. — Sie sah nur aus dem Fenster, um besser reden zu können.

»Manchmal«, hatte sie begonnen, »manchmal tut sie mir leid. Dann denke ich, man müßte sich einmal mit ihr zusammensetzen und sagen, ›paß auf, wir machen jetzt einmal eine Reise in die Vergangenheit, wie die Psychotherapeuten etwa, verstehst du? — Wir machen eine Reise in die Vergangenheit, und wenn wir genau zurückgehen, werden wir auf einmal an der Stelle angelangt sein, wo du den Knacks abgekriegt hast.‹ — Denn daß sie nicht glücklich ist, das weiß ich. So müßte man mit ihr reden. ›Und wenn du dann erkennst‹, müßte man ihr sagen, ›was eigentlich daran schuld ist, dann kannst du dir auch helfen.‹ — Denn das vorhin, daß sie Jürgen praktisch rausgeschmissen hat, das war doch nichts als Rache. Ich bitte dich, von einem erwachsenen Menschen. — Noch dazu einen Blinden!«

Ursula stand auf und ging ans Fenster.

»Da«, schimpfte sie, »da sitzt er unten ganz allein, ganz verlassen, als ob er nicht hier hätte sitzen können. — Ausbrüten! Was brütest du schon aus? Nichts! Und dann ›fast‹ siebenunddreißigeins, eine Katastrophe! — Ans Telefon laufen, ›Herr Doktor, meine Tochter hat siebenunddreißigeins‹, als ob da heutzutage ein Arzt käme.«

Ursula schalt weiter, aber Brigitte hörte sie nicht mehr. Natürlich konnte man beten, dachte sie, natürlich, aber war nicht Beten manchmal der bequemste Teil des Mitleides, mußte man nicht mehr tun? Mehr, als folgsam zu sein, mehr als seine Pflichten zu erfüllen, sollte man nicht auch Opfer bringen? Verzichten? Es sollte gewiß nicht an ihr liegen. Sie wollte alles tun. Auf den ersten Ruf hin am Morgen aus dem Bett steigen, sich nicht noch einmal umdrehen. Sie wollte beim Dessert nicht auf Ursulas Teller schielen, ob die vielleicht nicht doch ein wenig mehr abbe-

kommen hatte. Sie konnte zum Beispiel ein Gelübde ab-
legen, diesen ganzen Sommer kein Eis zu essen, ein schwerer
Schlag für den italienischen Eissalon an der Ecke, aber es
ging ja nur um die Bereitschaft — und auch darum, sich
selbst zu zeigen, daß man einen festen Willen hatte, daß
man mit sich selber fertig wurde.

Man konnte versuchen, aufmerksam den Eltern gegenüber
zu sein, auch wenn man sie nicht immer verstand. Warum
holte Mutter wirklich nicht endlich den Malkasten und ihre
Bilder vom Speicher? Warum hatte sie nur einmal von ihren
Bildern gesprochen und zeigte sie nicht her? Warum war
ihr Verhältnis zu ihrem Vater auch nicht so wunderbar und
beispielhaft, wie sie es selbst von ihren Töchtern verlangte?

Und als der Vater sich nun auf ihr Bett setzte, ein wenig
besorgt, mit vielen Querfalten auf der Stirn und sagte: »Na,
Maus, was machst du für Sachen?« — Da konnte sie gleich
ein Beispiel musterhaften Tochterseins vorführen. Sie sagte:
»Mach dir keine Sorgen. Es ist nicht schlimm, vielleicht war's
im Schulzimmer zu heiß.«

»Was für einen Tag haben wir heute?« fragte der Vater
mehr sich selbst.

»Donnerstag«, sagte sie. Und sie wußte, daß er nachdachte,
daß er sie beobachtete, sie daraufhin musterte, ob ihr kleines
Wehwehchen vielleicht den Sonntag gefährdete, das frühe
Aufstehen, die Autofahrt, den Tag im Steinbruch. Sie verstand ihn plötzlich, verstand, daß er sich schon heute darauf
freute wie ein Kind, und verstand, wie traurig er gewesen
war, als es das letztemal geregnet hatte.

Noch ein Sonntag verloren, dachte er sicher, wenn sie nicht
rechtzeitig gesund wird. Meistens ist gerade dann ideales
Wetter. Freilich, er würde daheim bleiben, aber das Verteu-
felte war, daß er dann meist an solchen Tagen, an denen er

nicht fahren konnte, besonders ekelhaft und launisch war.

»Ich werde schon gesund bis zum Sonntag«, tröstete sie ihn. »Das heißt, krank bin ich nicht. Du mußt dir wirklich keine Sorgen machen.«

Er tätschelte ihre Hand. »Heute«, sagte er dann, und seine Augen begannen zu leuchten, »heute habe ich einen Triumph gefeiert. Dieser Vertrag, den ich haben sollte, der war längst oben in der Direktion. Auf dem Tisch der Chefsekretärin wurde er gefunden. Und mir wollte diese Dulzinea einheizen! Na, der hab' ich meine Meinung gesagt.«

Sie lächelte. Papa mußte so oft seine Meinung verschweigen, daß es sicher eine Wohltat für ihn war, sie einmal äußern zu können. — Manchmal äußerte er eine verschwiegene Meinung durch schnelles Fahren. Das war nicht auf ihrem Mist gewachsen, Ursula hatte das einmal gesagt. Ursula sagte gerne solche Sachen.

»Sonst was Neues, Maus?« fragte der Vater.

Sie nickte. »Jürgen wird operiert.«

»Wer ist Jürgen?« fragte er.

»Papa!« rief sie. »Erst unlängst hast du seinetwegen . . .«

Weiter kam sie nicht. »Ach so, der«, sagte Vater. »Was du nicht sagst. Er wird operiert?«

»Ja, heute in einer Woche, der Professor sagt, die Chancen stehen fünfzig zu fünfzig.«

»So?« sagte der Vater. »Ja, dann muß er nächste Woche sicher ins Spital. Und dann wird er wohl wieder nach Hause zu seinen Eltern gehen.« — Diese Vorstellung schien ihn zu beruhigen. »Hoffentlich erwischt er die richtigen fünfzig Prozent«, meinte er noch abschließend. »Wenn man so denkt, was heute schon alles möglich ist.«

Ursula mischte sich ins Gespräch. »Mama hat ihn heute so gut wie rausgeschmissen.«

»Soso«, sagte der Vater. »Wen?«

»Jürgen!«

»Nun, Hauptsache, er wird operiert.« — Dann fuhr er hoch. »Ja, warum denn eigentlich?«

Ursula schwieg, und Vater schien an einer Antwort nicht mehr interessiert zu sein. — »Hat diese Person nicht behauptet«, begann er schließlich ohne Übergang, »der Vertrag wäre erst nachträglich auf ihren Tisch geschmuggelt worden. Stellt euch das vor, zu solchen Ausflüchten greift ein Mensch, nur damit er nicht zugeben muß, daß er sich geirrt hat. Ich begreife so etwas einfach nicht.«

»Wie lange kennst du eigentlich Mama?« wechselte Ursula das Thema.

Vater überlegte kurz und sagte: »Zwanzig Jahre. — Warum fragst du?«

»Nur so«, sagte Ursula und setzte sich wieder an ihren Tisch.

Als der Vater das Zimmer verlassen hatte, wollte Brigitte wissen: »Warum hast du ihn gefragt, wie lange er Mutti kennt?«

»Es war ein Test«, gestand Ursula. »Ich wollte sehen, ob er darüber nachdenkt, ob er Mama wirklich kennt. Aber er hat nur gerechnet, wie viele Jahre es sind.«


Hauswurz und Fetthenne in mit Humusspuren gefüllten Steinrissen, noch grüne Kornelkirschen in den Hartriegelsträuchern, die ersten Erdbeeren zwischen dem scharfblättrigen trockenen Gras.

Ein Stein mit dem gezackten Rand einer Muschel.

Brigitte liebte den aufgelassenen Steinbruch, und sie saß gern auf dessen oberen Rand, weit genug vom Felsabsturz, um sich und die Eltern nicht zu beunruhigen. Viele Hornkleearten mischten sich hier auf der Lichtung ins niedrige Gras, dazwischen blutrote Steinnelken, Margueriten . . .

Margueriten mochte sie besonders. Margueriten waren für sie die Ferienblumen. Wenn die Margueriten blühten, waren die großen Ferien nicht weit, die unvorstellbar vielen schulfreien Wochen, die dann dahinschmolzen wie eine Portion Eis in der Sonne.

An diesem Sonntag waren sie die ersten gewesen. Sie hatten »ihren« Platz noch unberührt gefunden, und so waren der Sonntag, die gute Laune, das Familienglück und beinahe die ganze nächste Woche gerettet.

»Tief atmen, Brigitte«, hatte der Vater gesagt, »tief atmen, damit die Blässe von den hohlen Wangen weicht.« — Er liebte es, auf diese Art zu scherzen, in einem geschraubten Theaterton zu sprechen, wie der Direktor in einer commedia dell'arte, der außerdem einen spitzen Hut, eine dicke Brille und eine weiße Halskrause zu tragen hatte.

Natürlich war sie heute nicht froh. Nicht ganz froh. Denn niemandem, weder Vater noch Mutter, war es eingefallen zu fragen, ob man Jürgen nicht einladen könne. Ursula wollte es tun, aber da hatte Brigitte sie gebeten, es sein zu lassen. Bis zur letzten Sekunde vor der Abfahrt hatte sie gehofft, die Eltern könnten noch von selber auf diese Idee kommen. Es wäre der letzte Sonntag mit ihm gewesen. Sein letzter Sonntag mit ihr. Möglicherweise.

Aber den Eltern war es nicht eingefallen, auch nur mit einem Wort Jürgen zu erwähnen. So blieb nichts anderes übrig, als den Sonntag zu nehmen wie er war und wie noch viele Sonntage sein würden. Vielleicht war es eine kleine Anzahlung ihrerseits auf das Gelingen der Operation. Ja, auch damit wollte sie bezahlen.

Und als Bratenduft von unten heraufgestiegen kam, Duft, der die Kalkwand hochgeklettert war, sich über die Kante geschwungen hatte und nun auf sie zukroch, erhob sie sich und stieg hinunter, ohne auf den Ruf zum Essen zu warten.

Unten kniete Vater wie ein Pfadfinder neben seinem Steinherd und bepinselte Steaks, die noch auf den Rost kommen sollten, mit Öl.

»Riecht es nicht wunderbar?« fragte er überglücklich.

Sie nickte und betrachtete das kleine Arbeitstischchen, auf dem bereits daheim gewaschener Salat wartete, mit einer ebenfalls daheim angemachten Sauce vermengt zu werden. Und dazu gab's Kartoffelchips aus der Familienpackung und Fruchtlimonade aus der Kühlbox. Man war wohlgerüstet. Nachher sollte sogar Eis gereicht werden. War das moderne Leben nicht herrlich?

Mama deckte den Tisch, und Ursula klappte die beiden Hocker auf, die Sitzplätze für die Mädchen.

Dann aß man unter dem Schirm einer Föhre ganz wie in einem Restaurant, mit dicken weichen Papierservietten bewehrt, und wie in einem Restaurant konnte man sich mit Tomatenketchup oder Senf bedienen. Die Limonadenflaschen waren noch so kalt, daß sie sich in der Wärme beschlugen. Wiederum ein Anlaß zu eitel Freude und Wonne von seiten des Vaters. Das Fleisch, teure Lendenschnitten, war herrlich mürbe, innen noch ein bißchen blutig, auf der Höhe des internationalen Geschmacks.

Und was werden sie sagen, wenn ich kein Eis esse, dachte Brigitte bei sich. Und sie wußte genau, was kommen würde. Und es kam genauso, wie sie es geahnt hatte.

»Du willst kein Eis?« fragte der Vater ungläubig, als sie es ausgeschlagen hatte.

»Danke, nein.«

»Warum willst du kein Eis?« wollte die Mutter wissen.

»Laßt sie doch, wenn sie keines will!« fand Ursula.

»Sie soll aber sagen, warum.« — Mutter griff nach Brigittes Puls.

»Ich«, begann Brigitte zögernd und überlegte, in den Hals

konnte die Mutter sehen, aber nicht in den Magen. »Ich kann nicht mehr, mein Magen ist ganz voll.«

»Aber du hast doch kaum etwas gegessen.«

»Und siehst sowieso ganz blaß aus.«

»Und es steht, daß das Eis mit Sahne gemacht ist und mit auserlesenen Früchten.« — Die Mutter war aufgestanden und prüfte mit der flachen Hand, ob Brigitte Fieber habe.

»Aber wenn sie keines will!« rief nun Ursula, ohne die Situation erfreulicher gestalten zu können.

»Laß mal in den Hals sehen«, sagte die Mutter, und Brigitte mußte wieder den Mund aufmachen, die Zunge herausstrecken und »A« sagen, und die Mutter drückte die Zunge mit einem Gabelgriff so weit hinunter, daß Brigitte beinahe erbrochen hätte.

»Nichts zu sehen«, stellte die Mutter fest. »Keine Rötung.«

»Es kommt vom Magen her«, war die Diagnose des Vaters, und er sah den Nachmittag gefährdet, den Schattenschlaf auf der Gummimatratze, den Kaffee aus der Thermoskanne, die ein, zwei Kuchenstücke und die Zigarre nachher.

»Ich hab' gleich gesagt, wir hätten nicht fahren sollen«, jammerte die Mutter.

»Aber mir fehlt doch nichts«, schwor Brigitte.

»Bitte, wenn sie es selber sagt«, triumphierte der Vater.

»Sie sollte sich ein wenig hinlegen«, beharrte die Mutter.

»Merkst du nicht«, schrie Ursula beinahe die Mutter an, »daß du sie krank machst?«

»Also gut, dann bin ich daran schuld. Ich brauche auch kein Eis.«

Auch Vater wollte keines mehr, er hatte genug. »Weil bei uns aus jeder Lappalie«, wie er sagte, »eine Tragödie gemacht werden muß.«

»Und da heißt es immer«, rief er in einiger Entfernung von

den übrigen und steckte sich aufgeregt eine Zigarette an, »Kinder seien das Bindeglied in der Familie. Na, ich weiß es anders. Das sind ganz schöne Keile, die Mann und Frau auseinandertreiben.«

»Natürlich«, keifte Ursula, »jetzt sind wir an allem schuld.«

Brigitte war aufgestanden, zu einem Felsblock in der Nähe gegangen und lehnte sich an seine schattige Seite.

Wenn sie den Blick hob, konnte sie sehen, daß der Himmel ohne jede Wolke war.

Nur ein Habicht zog seine Kreise.

»Ich bekomme eine Zahnbürste«, sagte Jürgen zu der jungen Verkäuferin.

»Weiche oder harte Borsten?« fragte das Mädchen.

Jürgen wandte sich an Brigitte. »Harte wohl?«

Sie wußte, daß er gute Zähne hatte, fragte »Blutest du beim Zähneputzen?«, sagte sich, er sieht es doch nicht, fragte ihn, ob er es vielleicht schmecke, daß er manchmal blute.

Jürgen: »Nein, soviel ich weiß, nicht.«

»Dann eine Bürste mit harten Borsten.«

»Eine bestimmte Farbe?« fragte das Mädchen unsicher. Man hatte es ihr beigebracht, so zu fragen, sie sah, daß bei dem jungen Mann etwas nicht stimmte, aber sie wußte noch nicht, daß er blind war.

Vielleicht wird er den Griff der Bürste einmal sehen, dachte Brigitte, und sie sagte: »Du hast mir noch nie gesagt, was deine Lieblingsfarbe ist.«

»Blau«, antwortete er.

Sie suchte eine Bürste mit harten Borsten und blauem Griff aus.

»Eine Seifenschale und einen Becher bitte«, verlangte Jürgen.

»In der Farbe dazupassend?«

»Ja.«

Das Mädchen bückte sich, zog eine Schiebetür auf und stellte beides vor Jürgen. — »Ist es so recht?«

»Ist es recht?« fragte Jürgen.

Und da erst merkte das Mädchen mit Sicherheit, daß er blind war. Es wurde rot.

»Das ist gut so«, sagte Brigitte.

»Dann noch einen Waschlappen, bitte.«

»Auch blau?«

»Ja, dunkelblau, bitte.«

»Dunkelblau«, wiederholte die Verkäuferin, brachte den Waschlappen und fragte Jürgen das übliche, ob er noch einen Wunsch habe oder ob das alles sei. Sie betrachtete ihn dabei so unauffällig wie möglich. Brigitte merkte es jedoch. Sie merkte auch, daß das Mädchen sie musterte, sich bemühte, sie neben dem blinden jungen Mann einzuordnen. — Schwester, Kusine — Freundin?

»Haben wir jetzt alles?« fragte er.

Sie zählte auf.

»Zahnbürste, Zahnbecher, Seifenschale, Waschlappen.«

Er hob den Kopf ein wenig und sagte: »Ja, richtig, ein Stück Seife noch.«

»Eine bestimmte?«

»Nicht zu teuer.«

»Diese«, sagte das Mädchen und hielt ihm ein Stück Seife hin, »kann ich Ihnen empfehlen.«

»Wieviel kostet sie?« fragte Brigitte.

»Fünfundsiebzig.«

»Dann kannst du sie nehmen.«

Jürgen entschied sich für die Seife.

»Ist es jetzt alles?«

»Danke, ja.«

»Soll ich alles in eine kleine Tragtasche geben?«

»Bitte«, sagte Jürgen. Und er stand da, mit der offenen Geldbörse, und konnte nicht sehen, daß das Mädchen noch einige Werbegeschenke in die Tragtasche packte, ein Glasröhrchen voll Herren-Kölnisch-Wasser, eine winzige Tube Rasiercreme, ein Döschen Hautcreme, ein Papiergesichtstuch. Erst dann sagte es den Preis.

Jürgen legte einen Geldschein hin und hielt die Hand auf. Sie zählte ihm das Wechselgeld in die aufgehaltene Hand und eilte dann um das Pult herum zur Tür, um sie zu öffnen.

»Das wäre nicht notwendig gewesen«, bedankte sich Brigitte lächelnd.

Und das Mädchen lächelte zurück, zeigte seine schönen Zähne und sagte: »Aber bitte, auf Wiedersehen und alles Gute.«

»Die war freundlich«, stellte Jürgen fest, als sie auf der Straße waren.

Brigitte brummte nur, er konnte es nehmen, wie er wollte.

»Sie hat dir auch ein paar Werbepackungen in das Säckchen mit hineingegeben«, verriet sie ihm der Vollständigkeit halber.

Er schien sich zu freuen. »Ihre Stimme war sehr angenehm«, meinte er.

»Wie stellst du sie dir vor?« fragte sie da, obwohl sie mit ihm nicht gern von anderen Mädchen sprach.

Er begann zu erzählen, wie er sich das Mädchen vorstellte, und sie erschrak, weil seine Vorstellung mit der Wirklichkeit beinah übereinstimmte, sich deckte wie ein Bild. Als hätte er sie vor Jahren gesehen und nicht vergessen.

Brigitte wollte überprüfen, ob es nur ein Zufall war. — »Kannst du dich an die Stimme meiner Schwester erinnern?«

»Ja.«

»Und wie stellst du dir meine Schwester vor?«

Und wieder traf er ziemlich genau Bild und Erscheinung von Ursula.

Sie ging eine Weile schweigend und nachdenklich neben ihm weiter. Es war ein warmer Spätnachmittag, die Straßen begannen sich mit Menschen zu füllen, die von der Arbeitsstätte heimkehrten. Sie aber überlegte, ob sie es versuchen sollte. Sie hatte das unbestimmte Gefühl, daß sie es eigentlich lassen müsse, ja sie wußte, daß Fragen zerstören. Mitten auf einer belebten Kreuzung fragte sie dann doch: »Und wie glaubst du, daß ich aussehe?«

Gleich danach bereute sie es. Er hängte ihr dunkles Haar um, und sie hatte blondes, er erriet nicht die Farbe ihrer Augen und nicht die Form ihres Gesichtes, und er schätzte sie zwei, drei Jahre älter, als sie war. Er hatte sogar vergessen, daß sie ihm einmal ihr Alter verraten hatte.

Brigitte stand vor einem Rätsel. Sie war enttäuscht und erschüttert. Mit dem Parfümeriemädchen hatte er einmal gesprochen, mit Ursula höchstens zweimal. Die hatte er erkannt. Mit ihr war er mehr als ein dutzendmal beisammen gewesen, sie hatten sich über Gott und die Welt unterhalten, und er hatte sie nicht in seiner Vorstellung zu dem Bild gemacht, das ihr glich.

»Hab' ich's erraten?« fragte er keck.

»Nein«, sagte sie grob.

»Worin hab' ich mich geirrt?«

»Fast in allem.«

Er wollte, daß sie ihm sage, wie sie aussehe. Aber sie blieb stumm. Sie wußte auch nicht recht, warum sie ihm diese Bitte abschlug, und sie wußte es wiederum doch, ohne es sich richtig einzugestehen. Er hatte sie mit dem falschen Eindruck, den er von ihr hatte, gekränkt, nicht etwa, weil das fremde Bild hübscher oder sogar schöner gewesen wäre als sie, sondern nur deshalb, weil es anders war.

Er versuchte, sich zu verteidigen. — »Zu deiner Stimme paßt nicht blondes Haar«, sagte er.

Und das machte sie fast wütend. Was konnte sie dafür, daß sie zu ihrer Stimme das falsche Haar oder zum Haar die falsche Stimme erwischt hatte? Aber dann fiel ihr ein, daß sie bereit war, Opfer zu bringen, nur dafür, daß er wieder sehen konnte. Und sie verzieh ihm großzügig seinen Irrtum.

»Lassen wir's«, sagte sie mild. »Vielleicht ist es gut so, daß du bei mir danebengeraten hast.« — Nein, sie wollte ihm den letzten Abend nicht mit ihrer Laune verderben, er sollte morgen froh und unbeschwert in die Klinik gehen.

Auch er war auf Versöhnung aus, etwas praktischer als sie, er erkundigte sich, ob es einen Eissalon in der Nähe gab.

Sie überlegte, denn da war ihr Gelübde, und an der nächsten Ecke war ein Eissalon. Sollte sie den verschweigen? Sollte sie ihn anlügen, heute am sicherlich letzten Tag, an dem er auf sie angewiesen war? Morgen schon würde er ganz andere Menschen brauchen. — Hätte er sie gefragt, ob die Häuser in der Straße schön sind, durch die sie jetzt gingen, hätte sie sofort ja gesagt, obwohl die Häuser häßlich genug waren. Etwas schöner zu machen, war erlaubt. — Boote auf den Fluß zaubern, Segelflieger in den Himmel, das durfte man. Ein paar Rosen mehr oder weniger blühen lassen, auch. Aber einen Eissalon ausradieren, nur um ein Gelübde halten zu können?

»Möchtest du denn überhaupt Eis?« fragte sie.

»Ich gern.«

»Wir haben Glück«, sagte sie da, »weiter vorn ist ein Salon. Nur ich kann kein Eis, es ist, ich . . .«

»Warum nicht?«

»Ich, ich . . .« Sie wurde unsicher.

»Ich lade dich ein, wenn es das ist.«

Sie zögerte noch, und er versuchte, sie zu überreden. Schließlich meldete sie: »Hier wäre der Eissalon.«

Sie fanden ein kleines Tischchen auf der Straße unter dem Schatten der rot-weiß gestreiften Markise. Sie führte ihn zu einem Klappstuhl, wartete, bis er sich gesetzt hatte, bemerkte, daß sie schon beobachtet wurden und setzte sich, nachdem sie ihren Rock noch schnell glattgestrichen hatte.

»Welche Sorten gibt es denn?« fragte er. Und sie las ihm von einem Kärtchen alle Eisarten und -kombinationen vor, die verschiedenen Coups und Cocktails, die der Salon anpries, spürte die Aktivität ihrer Speicheldrüsen, denn auch sie war nur ein schwacher Mensch, schluckte ein paarmal und fragte: »Soll ich noch einmal von vorn beginnen?«

Er schüttelte den Kopf und wollte wissen, welches Eis sie wünschte. Sie hingegen wollte wieder nur das bestellen, das er auch bestellte.

»Eine Cassata?«

Wenn er wollte, schon.

Sie saßen eine Weile und warteten. Brigitte ärgerte sich, daß das Serviermädchen Erwachsene, die später gekommen waren, früher bediente. Das war es. Das war es immer wieder. Erwachsen mußte man sein.

»Es sind wohl viele Leute da?« fragte er nach einer Weile geduldig.

Wiederum wollte sie nur nicken, sagte dann aber: »Kein einziger Tisch mehr frei, und das Serviermädchen bedient die Erwachsenen zuerst.«

Er nickte. Jetzt merkte sie erst, daß er noch immer die Tragtasche aus der Parfümerie hielt. Sie nahm sie ihm ab, entschuldigte sich für ihre Unaufmerksamkeit und stellte die Tasche neben sich auf den Boden. Sie würde bestimmt nicht darauf vergessen, schwor sie, und dann schimpfte sie über die Serviererin. — »Als ob wir nicht genauso zahlten wie die Erwachsenen«, sagte sie abschließend.

Endlich kam das gehetzte und verschwitzte Mädchen an ihren Tisch.

»Bekommen?«

»Zwei Cassata«, sagte Brigitte kurz und sah durch das geplagte Wesen hindurch.

»Zwei Cassata«, wiederholte das Mädchen, kassierte noch an einigen Tischen und kam nach etwa fünf Minuten mit dem Bestellten. Sie knallte die Glasteller auf den Tisch, und ehe Brigitte sagen konnte, daß sie gleich zahlen wollten, war sie wieder verschwunden.

Brigitte aber hatte einen Einfall, der ihr Gelübde, das schon bedenklich gewackelt hatte, rettete. Ehe sie Jürgens Portion vor ihn hinstellte und ihm den Löffel in die Hand drückte, streifte sie ihr Eis auf seinen Teller. Es war wirklich ein Genieblitz, ein Glücksfall, sie hatte sich aller Probleme entledigt, sie hielt ihr Gelübde, und er hatte keine Ahnung davon. Gewiß, sie hätte das Eis genossen, aber einen Sieg über sich selbst zu genießen, die Stärke seines Willens zu entdecken, war fast ebenso süß, wenn auch nicht so kühlend.

»Schmeckt's dir?« fragte Jürgen.

»Danke, sehr gut.« Sie klimperte ab und zu mit ihrem Löffel auf dem leeren Teller, damit er nicht auf die Idee kam, sie säße ohne Eis da.

»Hast du auch eine so große Portion?«

»Genauso groß«, sagte sie.

»Für das Geld wirklich nicht teuer.«

»Nein, wirklich nicht.« — Sie freute sich, sehen zu können, wie es ihm schmeckte. Ein paar Schweißperlen standen auf seiner Stirn. Und morgen schon, in weniger als vierundzwanzig Stunden, würde er auf dem Operationstisch liegen, der Professor würde die dunkle Brille von Jürgens Gesicht nehmen — und was dann geschah, konnte sie nur verschwommen ahnen, sich nur in Umrissen vorstellen. Denn sie wußte noch immer nicht, wie es hinter seiner Brille aussah. Konnte er seine Lider öffnen, oder waren sie zugenäht? Immer hatte sie gelindes Grauen beschlichen, wenn sie die Neugierde so weit getrieben hatte, daß sie gerne hinter seine dunkle Brille gesehen hätte. Auch von der Seite her waren die Augen durch sehr breite Bügel abgeschirmt.

Wir haben einander nie in die Augen gesehen, dachte sie. Und sie überlegte, welcher Verzicht schwerer wog. Der seine, weil er ihre Augen nicht sehen konnte, oder der ihre; denn sie konnte sehen, mußte aber auf den Blick des anderen verzichten.

Und außerdem freute sie sich, daß er nichts von ihrem kleinen Schwindel entdeckt hatte. Er löffelte vergnügt sein Eis, wischte manchmal mit dem Taschentuch Schweiß von der Stirn, drehte den Kopf in ihre Richtung und fragte: »Schmeckt's dir auch so?« Oder: »Ist doch wunderbar, nicht?«

Und sie verzögerte ihre Antwort, schloß den Mund und öffnete ihn, nur damit er den Eindruck habe, sie sei auch mit ihrem Eis beschäftigt.

Gern hätte sie hinter seine Stirn gesehen. — Dachte er an morgen, fürchtete er sich? Würde er heute abend einschlafen können? Welche Gedanken durchwanderten sein Gehirn, welche Gelübde hatte er abgelegt, oder war er so unkompliziert, daß er an solche Dinge nicht dachte? Würde er beten heute abend — morgen, wenn er in den Operationssaal geführt wurde?

»Hast du«, begann sie zögernd, »hast du eigentlich schon daran gedacht, was du machen wirst, wenn die Operation gelingt und du aus dem Spital kommst?« — Sie versuchte es ganz leichthin zu sagen, obwohl sie gegen Ende der Frage die Worte herauspressen mußte und es ihr Mühe machte, den sicheren, unbefangenen Ton beizubehalten.

Er legte für einen Moment den Löffel weg. »Meine Eltern würden mich sicher am liebsten gleich abholen, denke ich. Genau haben wir's aber noch nicht besprochen. Es kommt ja darauf an, was der Professor sagt.«

»Und zu deiner Tante«, sie konnte doch nicht sagen, zu mir oder in unsere Siedlung, »zu deiner Tante willst du nach dem Spital nicht mehr kommen?«

»Wollen«, erwiderte er. »Wenn der Professor meint, daß ich in seiner Nähe bleiben muß.«

Sie wünschte, daß eine Nachbehandlung notwendig sein möge. Sie würden dann viel mehr voneinander haben, sie könnten ins Theater gehen oder Ausflüge machen. Mit dem Boot auf den Strom hinausfahren trotz aller Mücken. Wenn es regnete, wären die Museen da. Es gab eine ganze Reihe von Museen in der Stadt. Vielleicht kamen noch viele verregnete Sonntage, oder, sollten sie schön sein, vielleicht durfte er mit in den Steinbruch. Sie konnten dann oben am Rand des Absturzes sitzen. Vielleicht sah er das liebliche Tal . . .

Sie schob den leeren Teller von sich und beobachtete ihn. Er löffelte sein Eis mit großem Genuß. Es war rührend, daß er die doppelte Portion für eine hielt. Und es war kein schlimmer Betrug von ihr gewesen. Freilich, wenn er dann sehen könnte, mußte sie wohl oder übel ihre Portion selber verzehren. Und er, er würde sich wundern, wie klein die Portion geworden war. Nein, sie wollte nur Verständnis für ihn aufbringen. Denn wie war es denn wirklich für ihn, wenn er nichts sah?

Er war ja nicht blind auf die Welt gekommen, er hatte einmal den Tag gesehen. Er wußte, wovon er manchmal sprach.

Er kannte die Farben und das Mondlicht, er hatte Frühjahr und Herbst gesehen. Er mußte seine Blindheit, solange er Hoffnung hatte, als eine lästige Unterbrechung des Sehens empfinden. Es war schon so: Sie mußte sehr viel Verständnis für ihn aufbringen.

»Du bist so still«, sagte er. Und sie dachte, er hat es gemerkt, daß ich nichts redete. Aber ehe er noch weitersprechen konnte, kam das Mädchen und kassierte. Sie gingen.

Es war kein weiter Weg nach Hause, und sie ließen sich Zeit. Sie wußte nicht, wieso er sich ihrem Tempo ohne Widerspruch anpaßte, möglicherweise dachte auch er, daß sie nie mehr so nebeneinander gehen würden. Sie würde ihn bis vor die Tür des Hauses bringen, in dem seine Tante wohnte. Und er würde in das Haus treten, und das war dann der Abschied vor dem großen entscheidenden Tag. Kein Flugplatz, keine Gangway, keine erhobenen Hände, kein »winke, winke« und keine geschwenkten Taschentücher. Kein Hafenpier, kein Tuten von Sirenen, nicht einmal ein Bahnsteig mit den Lautsprecherworten »Bitte Türen schließen und vom Bahnsteigrand zurücktreten«. — Keine Abschiedsrufe und kein Mitlaufen neben dem Waggon. Und während sie diese Gedanken durchwanderten, die nicht ganz frei von Eitelkeit waren, denn sie sah sich selbst in den Szenen immer wieder als eine der Hauptfiguren, so wie in einem modernen Fernsehfilm, am Flugplatz, im Hafen, auf dem Bahnhof, während sie ihrer beider Situation bedachte, der würde des Augenblicks gerecht werden, mußte Jürgen nur an das Eis gedacht haben, das er eben verzehrt hatte, denn er sagte: »Es war wirklich eine große Portion. Hattest du auch so viel?«

»Ja«, bestätigte sie, und sie dehnte das Wort etwas unwillig. Und sie sah den Zug abfahren, schneller und kleiner werden, bis das rote Schlußlicht draußen in der Nacht verglomm. — Sie schüttelte diese Gedanken ab und bemühte sich nett zu sein. Aber wie war man das? Sie hatte noch nicht die Fertigkeit der Erwachsenen, die unerwünschten Besuch begrüßten, als hätten sie ihn längst erwartet, die »sehr erfreut« sagten, ohne die geringste Spur von Freude zu empfinden, die Leute einluden oder sich von Leuten einladen ließen, die sie nicht ausstehen konnten. Ihr Gelübde fiel ihr ein, der beispielhafte Lebenswandel, den sie führen wollte, und dazu gehörte, daß sie ihm keine Vorwürfe machte, auch nicht die ungesagten, die im Grunde schwerer wogen.

Es rührte sie, daß er nun von ihrer Mutter zu sprechen begann, von dem Sonntagvormittag in der Ausstellung. Er meinte, daß er gerne die Bilder ansehen würde, die sie ihm geschildert hatten. Aber Brigitte wußte, daß er zu spät kam, weil die Ausstellung schon vorüber war. Er jedoch wollte noch mehr wissen, ob die Mutter bereits die Bilder und den Malkasten vom Speicher geholt habe.

»Sie ist noch nicht dazu gekommen«, entschuldigte Brigitte ihre Mutter sogleich. »Sie hat im Augenblick ein bißchen viel am Hals, aber wenn sie dazu kommt, holt sie bestimmt ihre Malsachen herunter.«

Er hatte früher auch ganz gut gemalt, und er wollte es wieder probieren, wenn ihm Zeit dazu blieb. Es war ja eine Unmenge nachzuholen. Er wußte noch nicht, welchen Beruf er ergreifen würde, aber wenn er nicht zuviel versäumt hatte, in einigen Fächern hatte er sich ja weiterbilden können, wenn er nicht zuviel versäumt hatte, er persönlich wollte gern im Flugsicherungsdienst tätig sein. »Flugzeuge interessieren mich«, sagte er abschließend. »Ich erkenne einige Typen sogar am Motor- oder Turbinengeräusch.«

Sie bogen in die Gasse ein, in der seine Tante wohnte. Rasen vor den niederen Häusern mit Strauchgruppen darin, hin und wieder ein größerer Baum. Viele Fernsehantennen auf den Dächern. Autos am Gehsteigrand.

»Sind wir schon da?« fragte er plötzlich.

»Gleich«, bestätigte sie. — »Woran erkennst du es?«

Er konnte es nicht sagen. Vielleicht war es der Geruch. Aber vielleicht nicht nur das, sicherlich waren es auch ein paar Geräusche, die es eben nur in dieser Gasse gab. Radiomusik aus den offenen Fenstern, aber mit einem besonderen Klang, Gesprächsfetzen von den Balkons, die besondere Beschaffenheit des Gehsteigs, aber sicherlich am meisten der Geruch der Speisen, die hier gekocht wurden, und der Rasenstreifen vor den Häusern, ja, der war es auch. Die Häuser waren vom Gehsteig weggerückt, und das spürte man. Die Enge war plötzlich aufgehoben, es war mehr Luft in dieser Gasse.

Er hatte leicht reden, mehr Luft. Sie hatte plötzlich fast zu wenig davon. Es war eine grausige Vorstellung für sie, zu denken, daß er jetzt in das Haus hineinging, in die Wohnung seiner Tante, wartete, bis die Nacht kam, die Zeit zu Bett zu gehen: schlafen zu gehen, konnte man wohl kaum sagen, denn würde er schlafen können? Und sie hatte ihm wegen ihres Gelübdes zuerst die unschuldige Freude am Eis vorenthalten wollen. Wie kleinlich sie noch immer war.

»Ja«, sagte sie laut. »Wir sind jetzt da. Die Fenster sind offen, sicherlich wartet deine Tante schon auf dich.« Sie reichte ihm das papierene Tragtäschchen von der Parfümerie. »Vergiß es nicht«, bat sie, als ob das wichtig gewesen wäre.

»Da sorgt schon meine Tante dafür.«

»Dann ist's ja gut.«

»Wir müssen die paar Sachen nur noch in einen Beutel geben, dann sind wir marschbereit.«

»Und du sagst ihr noch, daß ich mich morgen abend bei ihr erkundige?«

Er versprach, dies seiner Tante auszurichten.

»Also«, sie ergriff seine Rechte forscher und knabenhafter, als sie das gewollt hatte. »Dann alles Gute, und ich besuche dich ja.« — Sie wollte noch so viel sagen. Daß sie ihm wie nichts auf der Welt wünsche, daß er wieder sehen möge, daß sie von sich aus alles tun werde, damit die Operation gelinge, alles, um ihm das Sehen zu ermöglichen. Sie wollte sogar sagen, daß sie heute abend und morgen früh und in den Unterrichtspausen beten wolle. Aber das alles konnte man nicht sagen, das letzte schon gar nicht. Es war unmöglich, so etwas auszusprechen. Wenn den Eltern zu glauben war, hatte man früher noch solche Dinge gesagt, früher, auch nicht mehr so recht in ihrer Jugend. Aber vor ihrer Zeit noch, da hatte man sich hingekniet und Treue geschworen, oder statt ›danke schön‹ sagten arme, aber brave Leute, ›Gott möge es Ihnen vergelten‹. — Jetzt drückte sie Jürgen nur die Hand, und wenn er diesen Händedruck nicht verstand, dann war ihm nicht zu helfen. Aber verstand er nicht mehr als ein Sehender? Hatte er nicht heimliche Antennen, um zu empfangen, was sie fühlte und dachte? Mochte er hundertmal ihre Erscheinung vollkommen falsch eingeschätzt haben.

»Ich weiß«, sagte er, und er war fast ein wenig ergriffen, fast gerührt. »Ich weiß.«

Das versöhnte sie wieder mit ihm. Er war doch ein besonderer Mensch. Anders als die anderen, er wußte, was sie alles dachte und wünschte. Sie konnte sich losreißen und fortlaufen, er würde noch lange ihre Schritte hören, auch wenn er sie nicht zu sehen vermochte.

Es war alles so selbstverständlich: Daß der Tisch für das Abendessen gedeckt war, auf dem Balkon diesmal, denn der Abend war warm, daß Vater im Klappsessel saß, die Zeitung las, daß Ursula ihren kleinen Transistorapparat eingestellt hatte, um irgendeine Schlagerparade zu hören.

Mutter war in der Küche beschäftigt, wo sie nach der Meinung Papas, Ursulas, der meisten Erwachsenen und wohl auch ihrer eigenen Meinung nach hingehörte. Sie briet Kartoffeln, dazu Fleischreste vom Mittagessen, beobachtete gespannt die Kartoffelscheiben, wendete sie mit einer Schaufel und ließ hin und wieder Butterflocken vom Rand her in die schwarze Rundung der Pfanne hinabschmelzen. Die gerührten Eier standen schon bereit, der Teller zum Kippen, die Schüssel mit dem grünen Salat und den geviertelten Tomaten darin. Daneben das Tablett, die Teller, die Gabeln, Messer würde man nicht brauchen.

Für Mutter war es im Augenblick die wichtigste Sache der Welt, daß die Kartoffeln goldbraun anrösteten, daß ja nicht die Seite der einen oder anderen Kartoffel blasser wirkte. Und Brigitte hörte schon Vater händereibend sagen, das gäbe wieder ein wunderbares Farbfoto.


Das alles hatte sich schon oft und oft abgespielt. Der warme Abend, der gedeckte Tisch am Balkon, der zeitunglesende Vater, die schlagerhörende Ursula, die kochende Mutter. Und genauso gehörte es in ihren, Brigittes, Part, daß sie heimkommend nach der Begrüßung das Bad aufsuchte, sich die Hände wusch, das Haar ordnete, um dann ebenfalls in der Nähe des gedeckten Tisches oder helfend in der Küche auf das Abendessen zu warten.

Brigitte entschied sich diesmal für das Warten in der Küche. Denn die Mutter war beim Kochen ansprechbarer als Vater beim Zeitunglesen. Sie stellte sich vor dem Spültisch auf, weil sie dort am wenigsten im Weg war und fragte: »Du hast keine Zeit gehabt?«

Die Mutter, die ihren Blick von den immer schöner goldbraun werdenden Kartoffeln nicht lösen konnte, fragte: »Welche Zeit? Wofür Zeit?«

»Du weißt schon, ich meine . . .«

Jetzt wußte Mutter es. »Ach«, rief sie, »siehst du nicht ein, daß ich nicht so kann, wie ich möchte oder wie du dir das vorstellst? Wann hätte ich denn heute dazukommen sollen? Es ging wirklich nicht, Schatz.«

Irgendeine Fröhlichkeit in Brigitte starb in diesem Augenblick. Sie hatte Hoffnung gehabt, die Mutter hätte sich heute dazu Zeit genommen. Wenn sie heute auf dem Speicher war, dann geht die Operation gut, hatte sie sich gesagt. Es war abergläubisch, gewiß, aber sie hatte es damit verbunden und trotzdem nicht vergessen, diverse Sicherungen einzubauen. Wenn sie die Malsachen nicht geholt hat, hatte sie sich gedacht, dann geht es mit der Operation trotzdem gut, wenn wir einen friedlichen Abend haben, wenn Ursula nett ist, wenn Vater keinen Krach im Büro gehabt hat, wenn Mutter nicht gereizt ist.

»Verzeih«, sagte sie daher schnell, »ich wollte nur fragen.«

»Ich bin ja auch nicht böse«, erwiderte die Mutter. »Nur frag' mich nicht mehr nach diesen Malsachen. Wenn ich einmal Zeit haben werde, hole ich sie bestimmt herunter.«

Also nicht mehr fragen. Brigitte wußte genau, wie es kommen würde. Zunächst würde Mutter keine Zeit haben, dann würde sie die Malsachen wieder vergessen. Vergessen wollen, und sie wollte auch nicht mehr daran erinnert werden. Andere hatten Puppen aufgehoben, irgendein Spielzeug, Schulhefte, um etwas aus ihrer Kindheit zu retten, aber die Zeit wehte diese Dinge zu, ließ sie verschwinden, Wüste werden, obwohl sie unleugbar vorhanden waren. Nie mehr würde Mutter so sein wie an jenem Sonntagvormittag in der Ausstellung.

»Kann ich vielleicht die Salatschüssel hinaustragen?« Brigitte hoffte damit das Richtige zu tun, das Richtige zu fragen, weil man eine solche Frage auch jedem fremden Menschen stellen konnte.

»Ja, Schatz, das kannst du.«

Kein Gespräch über Bilder mehr, kein Gespräch über die Malsachen auf dem Speicher. Es würde nur mehr solche Gespräche geben: Was kann ich dir helfen? — Mach das. — — Kann ich Salat hinaustragen? — Ja. — — Soll ich Brot schneiden? — Nein. — — Soll ich die Butter aus dem Papier nehmen? — Ja. — — — Mit Vater konnte man über das Büro oder über das Auto sprechen, dem Großvater wieder vom Nordpol im Tiefkühlfach berichten, darüber streiten, wie oft Eisblumen gegossen werden müssen.

Sie konnte ja noch einen Versuch machen und sagen: »Jetzt hat Jürgen nur noch eine Nacht vor sich, vor der Operation . . .« Sie hoffte, Mutter würde sie schon verstehen.

»Ja, der Arme«, fand Mutter und goß die verquirlten Eier in die Pfanne. Es war genauso wichtig, daß die Eier gleichmäßig verteilt wurden, wie es wichtig war, daß Jürgen jemals wieder sehen konnte. Und eine verlorengegangene Seite aus der Zeitung, nur die mit den Wirtschaftsnachrichten, brachte mehr Aufregung in die Familie als der Krieg im Fernen Osten oder ein Flugzeugabsturz mit über hundert Toten, ein weiteres Versagen der UNO. — Aber auch Ursula war schon so geworden; wenn sie knapp vor der Schlagerparade feststellte, daß die Batterien plötzlich nicht mehr wollten und es schon zu spät war, neue zu holen, dann erschütterte sie das mehr als eine Hungerkatastrophe in Indien oder ein Erdbeben in Peru.

Und sie selbst? Wenn sie nicht ganz verkochte Zwiebeln in der Kartoffelsuppe oder im Gulasch fand, wenn es gedünstete Paprikaschoten gab, oder Kohlrabi? Gewiß, sie, Brigitte, war auch nicht ohne Fehler.

»So, ich bin fertig«, sagte die Mutter und band die Schürze ab. »Sieh, wie schön es geworden ist.«

Vater sah über die aufgeschlagene Zeitung auf den gedeckten Tisch. Er sagte nichts von einem Farbfoto oder dergleichen, daß das Essen farbenprächtig sei wie ein Bild, er schien die Sorgfalt, mit der gedeckt, die Liebe, mit der das einfache Essen zubereitet worden war, überhaupt nicht zu bemerken. Er ließ seinen Blick über den Tisch wandern und machte das gekränkte Gesicht eines Kindes, das unter allen Spielsachen vor dem Weihnachtsbaum nicht jenes Spielzeug findet, das es sich am innigsten gewünscht hat. Vater sprach nur vier Worte, ohne Erregung und scheinbar ohne Ärger, und doch wußte Brigitte, daß sie Mutter tief trafen, ja verletzten.

Die vier Worte hießen: »Wo bleibt mein Bier?«

»Ach ja.« Die Mutter sprang auf und Brigitte auch, aber das Kind mußte sitzen bleiben, die Mutter holte die Flasche und das Glas und goß ein.

Ursula stellte schweren Herzens den Transistorempfänger ab.

Man aß schweigend zu Abend, bis man satt war.

Und daß man das tat, daß man das durfte, war so entsetzlich selbstverständlich.

Brigitte hatte einmal einen Film über Termiten gesehen. Termiten, die Kathedralen bauten und Baumstämme aushöhlten. Sie hatte das Gefühl, von einem Termitenschwarm leergefressen worden zu sein. Nur mehr Hülle zu sein, die dünne Haut ohne Inhalt. Der Tag war vergangen, sie wußte nicht, wie. Sie war in der Schule konzentriert gewesen wie zu normalen Zeiten, war heimgekommen, hatte die Hände gewaschen, das Haar gerichtet, sich zu Tisch gesetzt, gegessen ohne sich zu sträuben, das Essen für gut befunden, ein Lächeln der Mutter dafür erhalten.

Sie hatte beim Spülen geholfen und von der Schule berichtet, als hätte sie eine Maschine eingebaut, die das alles sprach. Mit einem Wort, sie war ein vernünftiges Kind, sie trocknete die Messer (mit dem Rücken der Klinge zum Geschirrtuch, was wichtig war!), sie legte das Salatbesteck auf den richtigen Platz und wischte zum Schluß sogar, ohne aufgefordert worden zu sein, das Spülbecken blank.

Dann war sie in ihr Zimmer gegangen, hatte die Hefte hervorgeholt und schnell noch ein paar Worte mit Ursula gewechselt.

Ansonsten tat man und spielte mit, als hätte es nie einen jungen blinden Mann namens Jürgen gegeben. — Sie mußte nicht, wenn sie von Deutsch auf Mathematik wechselte, eine Zwischenpause einschalten, um zum Fenster zu gehen und zu sehen, ob Jürgen schon draußen saß. Nie mehr würde er so wie bisher draußen auf der Bank sitzen, mit verschränkten Händen und auf sie warten.

Nach der Hausaufgabe hatte sie sich auf den Balkon gesetzt und gelesen. Das heißt, sie sammelte Buchstaben ein, Worte und ganze Sätze, ganze Seiten, aber mit den Worten war es wie mit ihr. Die Termiten waren über sie gekommen und hatten sie leergefressen, sie hatten keinen Sinn mehr, sie fügten sich in ihren Gedanken nicht zu Bildern, zu Menschen. Es blieben Buchstabenketten, die man sich um den Hals hängen oder aus dem Fenster werfen konnte für die Kleinen zum Spielen.

Draußen spielten die Kinder, aber auch ihre Spiele waren anders geworden, als hätte man sie gezwungen zu spielen und sie hätten nicht die rechte Freude dazu. Sie spielten, wie Polizisten Dienst tun, wenn es heiß ist, wie Briefträger Post austragen, wenn es gießt.

Großvater kam vorbei, setzte sich zu ihr, lächelte, ließ sich irgendeinen Fruchtsaft geben und erzählte. Irgend jemand hatte ihm riesige Rinderherden in Brasilien oder sonstwo in Südamerika verkaufen wollen. Die Herden waren so unübersehbar, daß man sie mit dem Hubschrauber zusammenhalten mußte, und bei den kleineren waren nicht nur die Hirten, sondern auch die Hunde beritten, weil sie so große Wege nicht zu Fuß zurücklegen konnten. Dabei war das Ganze nicht teuer, er hätte von der Sparkasse sogar das Geld bekommen.

»Und warum«, hatte sie artig gefragt, »hast du die Herden nicht gekauft?«

Ja, man war so weit weg von jeder menschlichen Behausung, daß die Milch immer sauer wurde, ehe sie zu den Verbrauchern kam, und außerdem...

»Was außerdem?«

Großvater durfte kein Rindfleisch mehr essen. — »Eine Hühnerfarm hätte ich gekauft«, sagte er. »Dann hätte ich Hühner gezüchtet, die würfelförmige Eier legen. Was glaubst du, wie leicht dann die Eier zu transportieren wären? — Ganze Stapel von Eiern.«

Sie lächelte artig, und Großvater beugte sich vor, klopfte ihr leicht auf die Schulter und fragte: »Wieder alles gut?«

»Ja«, sagte sie.

»Das freut mich.« — Großvater war aufgeräumt, denn er wußte, daß Brigitte *sein* Enkelkind war. Und sie lachte zurück und staunte, daß er nicht bemerkte, daß sich nur ein paar Hautfalten in ihrem Gesicht bildeten und daß unter der Haut nichts mehr war. Gar nichts. Höchstens Termiten.

Nach sechs, der Großvater war schon gegangen, erhob sie sich und sagte: »Ich gehe jetzt.«

Niemand fragte sie, weder Ursula noch die Mutter, denn sie wußten, wohin sie ging. Die Mutter sagte nicht einmal

›aber bis zum Abendessen bist du wieder zurück‹. Es war nicht notwendig, sie würde nicht lange wegbleiben.

Brigitte ging an den spielenden Kindern vorbei, an Nachbarn, die von der Arbeit zurückkamen. Sie grüßte, sie lächelte, sie fing den Ball auf und warf ihn zurück. Sie überquerte die Straße und lief dann links hinauf bis zur Ecke, an der sie einmal mit Jürgen zusammengestoßen war. Damals, als er noch bei seiner Tante wohnte und sie, Brigitte, etwas mehr war als ein gut getarnter Hohlraum. Jetzt bog sie rechts ein, ging die Gasse hinauf, die Jürgen an ihren Gerüchen erkannt hatte, auch an ihren Geräuschen und daran, daß sich zwischen Gehsteig und Hausmauer ein Rasenstreifen hinzog. Sie stand vor dem Eingang, an dem sie gestern noch mit Jürgen gestanden war, zum Abschied, unfähig zu sagen, was sie wollte, ohnmächtig und hilflos, weil sie keine künftige Minute beeinflussen konnte.

Sie betrat das Haus, stieg die Treppe hinauf in den ersten Stock, klingelte an der Tür mit dem Namen »Martin« und wartete. War es das Stufensteigen oder war es die Angst, plötzlich spürte sie unter der Haut ein Herz pochen, das ihr gehören mußte, spürte das Blut in den Fingerspitzen, ja, dicht unter den Haarwurzeln. Sie bestand innen nur aus Adern.

Brigitte klingelte noch einmal. Und das Herz schien wieder davonzuflattern, die Adern schrumpften, bildeten sich zurück, lösten sich auf. Die Tante war nicht da. Möglicherweise war sie noch in der Klinik, oder sie saß bei Bekannten und weinte sich aus, der Professor hatte zwar operiert, aber erkannt, daß jede ärztliche Kunst hier vergebens war.

Obwohl man ihr gesagt hatte, daß man nur zweimal an fremden Türen klingelt, versuchte sie es noch ein drittes Mal. Ohne Hoffnung schon, nur um nicht sofort heimgehen zu müssen. Aber sie hörte in der Nebenwohnung ein Kind aufweinen, und dann die zornigen Worte eines Mannes. — Langsam stieg sie die paar Stufen hinunter. Mit schlenkernden Armen und tauben Füßen ließ sie sich von Stufe zu Stufe fallen, unfähig etwas zu denken, gequält und enttäuscht. Draußen rannte johlend eine Schar Kinder vorbei, sie selbst war gelähmt.

Vom Keller her hörte sie nun eine Tür gehen. Sicherlich die Tür zur Waschküche. Sie knipste das Dreiminutenlicht an und stieg tiefer. An der Tür, hinter der sie die Geräusche der Waschmaschine hörte, klopfte sie und öffnete.

Jürgens Tante stand rauchend neben der Maschine und las etwas auf einem Waschpulverpaket.

»Guten Abend«, sagte Brigitte mit belegter Stimme.

»Ach du bist's«, sagte Frau Martin, »hast du mich oben nicht gefunden? Siehst du, ich hätte doch einen Zettel anhängen können, daß ich in der Waschküche bin. Na, ist ja egal, du hast mich ja gefunden.«

»Ist er operiert?« fragte sie und ließ die etwas dickliche Frau nicht aus den Augen.

»Natürlich.«

»Und wie fühlt er sich?«

»Er war ein bißchen apathisch. Er jammerte einmal, daß ihn der Verband störe. Er sagte, ohne den Verband, nur mit der Brille, habe er doch manches gesehen. — Das war natürlich eine Übertreibung. Aber sonst geht's ihm gut.«

Sie hätte gerne gewußt, ob er ihr einen Gruß bestellt oder ob er sie sonstwie erwähnt hatte, wagte aber nicht zu fragen. So fragte sie nur: »Haben Sie einen Arzt sprechen können?«

Frau Martin nickte und warf die Zigarettenkippe in den Abfluß. — »Die alte Rede, jetzt kommt's nur auf Geduld an. Auf Geduld und noch einmal Geduld.«

»Und sonst hat Jürgen nichts gesagt?«

Die Frau überlegte. »Nein, ihn störte nur der Verband, aber sicher gewöhnt er sich auch daran.«

Brigitte griff nach der Türklinke und bedankte sich. Als sie die Tür hinter sich schließen wollte, rief sie Frau Martin noch einmal zurück. »Einen schönen Gruß übrigens noch«, sagte sie, »nett, daß du vorbeigesehen hast.«

Im Park der Klinik blühte der Pfeifenstrauch. Weiß- und Rotdorn waren im Erlöschen. Der Flieder zeigte schon Samen. Der Rasen war peinlich kurz gehalten, und in den Staudenrabatten brannte riesiger Mohn neben fast handtellergroßen Margueriten. — Ein Beet dunkelvioletter und zitronengelber Iris, von der Sonne durchschienen, mehr zu den Koniferen hin orangerote Taglilien.

Bänke im Schatten mit Patienten und deren Besuchern, Ärzte in Weiß, die von einer Station zur anderen eilten. Krankenschwestern, die vom Dienst kamen oder ihn antraten, mit blauen Kleidern, weißen Häubchen und Schürzen. Gesichter mit fremden Zügen darunter, gelblicher Haut und mandelförmigen Augen.

Nirgends Kinder. Stille, nur ganz fern der abgedrängte Lärm der Stadt, weit genug, um das Lied einer Amsel aus den Sträuchern laut erscheinen zu lassen.

An schwingenden Glastüren vorbei gelangte sie in den peinlich sauberen Flur. Vor dem Treppenhaus eine Wegweisertafel. — Die Stiegen der Treppe waren flach und breit. Irgendwo knallte eine Tür zu, es hallte durch das Haus. Ein fast schmerzliches Geräusch, dann wieder Stille. — Auf dem Treppenabsatz Pfeile und Zimmernummern. Man mußte nicht erst lange fragen. Beklemmung schlich sich ein, wurde vom Herzen aufgesogen, als käme sie aus dem Blut der Venen. Der Brustkorb beengte die Lungen.

Ein Flur. Weit vorne quietschende Gummisohlen, ein Geräusch, das näher kam. Ein junger Arzt, der zwischen den Zähnen pfiff, einige Karteiblätter in der Hand. Ein Kopfnicken als Gruß. Und wieder das Pfeifen zwischen den Zähnen und die quietschenden Gummisohlen. Über einer Tür ging ein Licht an, aus einer anderen trat eine Schwester und eilte in das Zimmer, über dessen Tür die Lampe brannte.

Brigitte mußte sich die Lippen befeuchten und hielt ein, ehe sie das Krankenzimmer betrat. Sie klopfte. Kein Geräusch von innen. — Wie bei seiner Tante, dachte sie. Dann eine vorüberhuschende Krankenschwester, die sagte: »Gehen Sie nur hinein!«

Sie öffnete die Tür, entdeckte, daß sie nun zwischen zwei Türen stand, klopfte an die nächste. Eine Stimme: »Ja?« Keine Männerstimme, sondern eine Frauenstimme.

Zögernd öffnete sie, überflog kurz das weiße Mobiliar, die weißen Wände, die weiße Wäsche. Drei Betten, zwei davon belegt. Über dem einen ein Name, der ihr fremd war, aber dahinter der vertrautere, der eigentliche Name. — Jürgen. Und nun stand sie da, hinter sich die offenen Türen, vor sich das fremde Zimmer, die drei Betten, den einen Vornamen, zu dem sie den Menschen noch nicht gefunden hatte, und neben dem Bett eine fremde Frau.

Sie schloß die Türen, und als sie sich umwandte, war etwas geschehen. Die Frau hatte sich erhoben, und in ihrem Gesicht war etwas Vertrautes und doch Abweisendes, eine leichte Verwunderung, der Versuch zu erraten, um wen es sich handelte, die Einsicht, es doch nicht zu können.

»Ich heiße Brigitte«, sagte sie mit ersterbender, kümmerlicher Stimme, über die sie sich ärgerte. »Brigitte«, wiederholte sie, und da kam die Rettung aus dem Bett: »Ich hab' dir doch von ihr erzählt, Mama.«

»Ach«, jetzt wußte die Mutter Jürgens Bescheid. »*Das* ist Brigitte«, sagte sie. »Das ist aber lieb. Sie besucht dich, Jürgen.«

Wie anders Menschen sind, die in einem Spitalbett liegen, mußte sie denken, als sie an das Bett trat und ihm die Hand reichte. War der Fremde, mit der Binde um die Augen, war der junge Mann mit der wächsernen Haut und den durchsichtigen Händen der Jürgen, mit dem sie vor einigen Tagen noch den Fluß entlanggegangen war?

Sie reichte ihm die als Geschenk verpackte Keksschachtel (welchen Sinn hätten Blumen für ihn gehabt?), aber er hob die Hände nicht, obwohl sie sagte: »Ich hab' dir eine Kleinigkeit mitgebracht. Und von daheim soll ich dich grüßen und dir gute Besserung wünschen.«

Sie hielt noch immer den wohlverpackten Karton, wagte es nicht, an seine Hände zu stoßen, schickte einen hilflosen Blick zu seiner Mutter, die ihr die Packung abnahm.

»Das ist wirklich rührend«, fand die fremde Frau, und zu Jürgen: »Sie hat dir was mitgebracht, Jürgen. Ich schätze, es sind Keks.«

»Danke«, sagte Jürgen matt.

»Es sind Keks«, sagte Brigitte, weil sie nichts anderes zu sagen wußte. »Blumen, weißt du . . .« Schnell rettete sie sich in die Behauptung, daß Mutti gesagt habe, daß man Blumen nicht in Spitälern mag. Und Schokolade, das sah so nach Kinderspital aus.

Er lag schweigend da. Auch seine Lippen waren blaß, und rissig außerdem, und die Nase, die Nase war ganz anders als sonst, sie wirkte kleiner, eingefallen, als hätte man an ihr operiert. Wie stark man außerdem die Adern auf seinen Handrücken sah. Das war ihr bisher nie aufgefallen.

»Setzen Sie sich doch«, sagte seine Mutter und schob ihr einen Stuhl hin.

»Nein, danke«, fuhr sie auf, »danke, wirklich nicht. Bleiben nur Sie sitzen. Ich möchte Sie auch nicht zu lange stören.«

Jürgen versuchte ein Lächeln. »Wie geht's dir denn?« fragte er. »Hast du meine Operation gut überstanden?«

Sie wurde rot, ärgerte sich, daß seine Mutter es merkte, und meinte schließlich: »Ich hab' gar nicht daran gedacht, verstehst du, ich hab' mir fest vorgenommen, an etwas anderes zu denken.«

»Und das gelang?« fragte die Mutter.

»Ja«, sagte Brigitte schnell.

»Also mir ist es nicht gelungen. Die ganze Nacht vorher hab' ich kein Auge zugedrückt. Nächte vorher schon nicht. Nächte!« — Sie schien einen Bewunderungsruf oder einen Dank zu erwarten, und da der ausblieb, sagte sie: »Und seit der Operation die paar Stunden Schlaf, die kann ich an den Fingern einer Hand abzählen.«

Jürgens Wangen und Stirn röteten sich. »Bitte«, flehte er, »erzähl es nicht jedem.«

Die Mutter schwieg und strich die Bettdecke glatt.

Eine peinliche Pause entstand, endlich fragte Jürgen Brigitte: »Und wie geht es dir?«

»Danke«, sagte sie, »gut.«

»Und was macht die Schule?«

»Nicht mehr viel los. Jetzt, nach der Konferenz.« — Sie begann zu bedauern, daß sie gekommen war. Die Welt hatte sich seit dem Nachmittag, da sie miteinander in der Parfümerie und anschließend im Eissalon waren, geändert. Er war nicht mehr derselbe, und sie war es auch nicht. Und da seine Mutter dabei war, konnte man nicht einmal darüber sprechen, daß man sich verändert hatte.

Die Mutter hatte sich nun auf die andere Seite des Bettes begeben und sich dort auf einem Stuhl niedergelassen.

Ihren Versuch, eine Hand ihres Sohnes zu ergreifen, wehrte der Sohn verbissen ab.

»Es hat ihn sehr hergenommen«, sagte die Mutter. »Aber was tut man nicht alles, nicht wahr?«

»Natürlich.« — Nein, es war ein Fehler gewesen, zu kommen. Sie hatte nicht daran gedacht, daß seine Mutter dasein könnte, seine Mutter war ja auch nicht dagewesen, als er auf die Operation gewartet hatte. Brigitte überdachte die paar Tage, die sie miteinander gehabt hatten. Merkwürdig frei waren sie für ihr Alter gewesen. Einzig durch den Umstand, daß er blind war. Er hatte Zeit zur Verfügung, soviel er wollte, und sie konnte mit ihm spazierengehen, immer eigentlich. Hätte er gesehen, hätte man ihm den Umgang mit ihr verboten und noch viel mehr ihr den Umgang mit ihm. Nur seiner Blindheit war es zu verdanken, daß sie zusammengekommen und Freunde geworden waren. Aber waren sie Freunde? Zur Freundschaft gehörten doch zwei, hatte er es auch als Freundschaft empfunden? War sie nicht mehr eine Art Blindenhund für ihn gewesen, mit dem man sich auch ein wenig unterhalten konnte, ein weißer Stock, den man nicht tragen mußte? Bestenfalls eine Art Krankenschwester, die nicht bezahlt zu werden brauchte. Aber dann fiel ihr ein, daß es ja immer noch nicht entschieden war, daß noch niemand wußte, ob er sehen würde.

»Was sagen die Ärzte?« fragte sie.

»Warten.« — Er zuckte mit den Schultern und entschloß sich nach einer Weile, Daumen zu drehen.

»Und welches Gefühl hast du selbst?« drang sie in ihn.

»Mir ist alles wurscht«, rief er gereizt, »wenn ich bloß endlich die verdammte Binde von den Augen runterbekomm.«

»Jürgen!« sagte die Mutter. »Ein bissi noch. Komm, sei gescheit.«

Brigitte erhob sich. »Ich werde wohl wieder . . .« begann sie verlegen.

»Du willst schon gehen?«

Wieder hatte sie nur genickt und sich erinnern müssen, daß er das nicht sah. »Doch«, sagte sie, »doch, langsam muß ich wohl.«

»Du mußt gar nicht, du bist doch gerade erst gekommen.«

»Wenn sie gehen muß, dann laß sie doch gehen«, versuchte die Mutter ihren Sohn zu beruhigen, was ihn noch mehr reizte.

»Schick sie doch nicht weg!« sagte er bös.

»Aber Jürgen, ich schicke sie doch nicht.«

»Ich muß wirklich gehen«, beteuerte Brigitte, obwohl sie diese Behauptung schmerzte. Sie litt am meisten darunter, daß sie schon wegging. Trotzdem ergriff sie seine Hand, wünschte ihm gute Besserung und sagte noch einiges, was sie für angemessen hielt, aber selbst nicht erfaßte. Es redete aus ihr heraus, und es redete weiter, als sie die Hand seiner Mutter hielt, und sie war froh, als sie die erste Tür hinter sich schloß, und atmete auf, als die zweite ins Schloß schnappte und sie draußen auf dem langen stillen Flur war.

Der Boden schwankte zwar unter ihren Füßen, und wieder quietschten irgendwo Schuhsohlen, aber diesmal waren es die ihren, und das Treppenhaus stellte sich schräg, veränderte seine Lage, daß sie einen Moment nicht wußte, ob sie die Stiegen hinauf- oder hinunterlief. Als sie ins Freie trat, hatte sie das Gefühl, das Haus, das große, weiße Gebäude, würde von ihr abgestreift, so wie Ritter früher aus dem Panzer gestiegen waren. Die Beklemmung sank fort, sie konnte wiederum zwischen waag- und senkrecht unterscheiden, die Bäume wurzelten in der Erde und hatten ihre Kronen unter dem Himmel. Sie lief noch ein paar

Schritte und setzte sich dann auf eine eben frei gewordene Bank.

Sie konnte noch nicht nach Hause fahren. Sie sah ganz genau, wie die Mutter aus der Küche oder aus dem Wohnzimmer in die Diele trat, mit fragendem Blick zunächst nur, und dann mit den langsam gesprochenen Worten »schon zurück?«. — Und sie wußte, welch faule Ausreden sie dann gebrauchen würde, von der hervorragenden Verbindung, die sie hatte und die es nie gab, und daß sie nicht lange geblieben war, weil sie die Luft im Spital nicht vertrug. Nein, da war es gleich besser, den Krankenbesuch hier im Park der Klinik noch eine Weile zu verlängern; ihre Schuld war es nicht, daß er so schnell zu Ende gegangen war.

Um ihre Füße trippelten Sperlinge, und sie griff nach einem angebrochenen Brötchen, das auf der Bank liegengeblieben war. Sie zerbröckelte es in Gedanken und warf die Krumen den graubraunen Vögeln hin, die zunächst zutraulich und dann sehr schnell frech wurden. Im Gebüsch mußte noch immer die Amsel von vorhin sein. Sie füllte jetzt auch die Stille mit ihrem Gesang. Vielleicht, daß am Abend Regen kam. Großvater hatte einmal davon gesprochen, daß Amseln vor Regen besonders schön singen.

Die Gebüschgruppe stand vor der Front des Traktes, in dem Jürgen darauf wartete, daß die Binde von seinen Augen genommen wurde. Hinter irgendeinem der vielen Fenster mußte er liegen. So nah war sie ihm jetzt. Nachdem sie, als sie an seinem Bett gesessen, so weit von ihm fort gewesen war. Ja, hinter irgendeinem der Fenster mußte er liegen und auf seine Stunde warten.

Als sie den Brotrest verfüttert hatte, erhob sie sich, trieb die Spatzen damit in die Flucht, erschrak vor der hochschwirrenden Wolke und stand dann noch eine Weile vor dem Staudenbeet.

Das von der Seite einfallende Sonnenlicht machte die roten Blüten des Mohns durchscheinend wie Flammen.

Brigitte fand die Mutter im Badezimmer, und sie merkte gleich, daß die Mutter sich im Augenblick keine Gesellschaft wünschte. Sie stand vor dem Spiegel an der Waschmuschel und verbarg eine Hand hinter dem Rücken, als sie sich zu ihr wandte.

»Wir hatten früher Schule aus«, entschuldigte sich Brigitte. »Morgen müssen wir keine Bücher mehr mitnehmen.«

»Ich komme gleich«, antwortete die Mutter, »du kannst dir später die Hände waschen.«

Brigitte zog die Tür zu, trug die Schulmappe in ihr Zimmer, stand eine Weile am Fenster, starrte auf die Bank im Hof hinunter, auf seine Bank, dachte, immer wird es von nun an seine Bank sein, solange wir hier wohnen, solange ich hier wohne zumindest. — Denn es war sehr wahrscheinlich, daß die Eltern länger hier wohnen würden als sie. Sie würde einmal wegziehen, aber wenn sie wiederkam, um die Eltern zu besuchen, würde sie hier an dieses Fenster treten und sich sagen, als ich bald dreizehn war, hat dieses Fenster für mich eine große Bedeutung gehabt. Was jetzt wohl aus dem jungen Mann von damals geworden ist?

Und würde sie Kinder haben, konnte sie ihnen von dem blinden Jungen erzählen, der Jürgen hieß und der so lange Zeit blind sein mußte, weil er nicht auf seine Eltern gehört hatte. Sie versetzte sich derart in die Rolle einer Mutter, daß sie plötzlich Ähnlichkeit zu ihrer eigenen Mutter entdeckte, sie hatte nicht mit ihrer eigenen Stimme und ihrem Tonfall zu den Kindern gesprochen und von Jürgen erzählt, sondern mit Stimme und Tonfall der Mutter. Belehrend und ein wenig mit erhobenem Zeigefinger. Seht, weil er seinen Eltern nicht folgte, mußte er so lange blind sein. Und seine guten Eltern mußten dann das Auto verkaufen und Entbehrungen auf sich nehmen, nur, damit er wieder sehen konnte. Das hieß: Greift nie Dinge an, von denen ihr nicht wißt, was sie sind, spielt nicht mit verrosteten Metallkörpern. Tut das nicht.

Sie spürte plötzlich, daß sie als Erwachsene genauso denken und handeln würde wie andere Frauen. Kinder mußten wahrscheinlich so behandelt werden, gewisse Warnungen, Gebote und Verbote mußte man immer wiederholen, und es blieb nur die Frage, warum die Kinder trotzdem nicht auf sie hörten. Waren sie zu dumm, um zu begreifen, was vor sich ging, oder hörten sie die Warnungen und Verbote so oft, daß sie abstumpften, ihrer überdrüssig wurden und gerade mit Lust zuwiderhandelten?

Wenn sie nun so dastand und überlegte, sich nebenbei auch fragte, was Mutter so lange im Badezimmer tat, wenn sie die Gedanken um Jürgen kreisen ließ, der mit einer Binde vor den Augen nun schon viele Tage im Spital lag, dann wagte sie doch auch, sich zu fragen, und wie wäre es, würde er nie mehr sehen? Und gleich folgten dieser Frage, wie auf einer Schnur angereiht, einige weitere: Wäre es wirklich so schlimm für ihn? Er hatte sich schließlich eingerichtet in seiner Blindheit, er kannte sich aus in der Nacht, seine anderen Sinne waren geschärft, er wußte, in welcher Gasse er war, wußte, ob er sich im Schatten oder in der Sonne befand. Er würde auch irgendeinen Beruf finden. Seine Eltern, mehr noch der Staat, würden sich um ihn kümmern. Ja, vielleicht auch sie, Brigitte. Und wenn sie an sich dachte — war es nicht schön gewesen, so gebraucht zu werden, wie sie gebraucht worden war, an jeder Straßenkreuzung, bei jedem Schritt über die Straße? Sie hatte nicht darunter gelitten, mit einem Blinden zu gehen, im Gegenteil, es hatte ihr Selbstbewußtsein gehoben. Und sie wußte, wie man von Frauen dachte, die einen blinden Mann heirateten. Man hielt sie für die edelsten und gütigsten Wesen. — Sollte sie, ganz hart gefragt, ihm aus diesen und vielen anderen Gründen überhaupt wünschen, je wieder zu sehen?

Aber war das, was sie dachte, nicht fast schon Sünde? War das noch in seinem Interesse gedacht oder in ihrem? Wieso kam sie nur auf solche Ideen, was war in sie gefahren?

»Nein«, sagte sie halblaut, »ich möchte, daß er sieht. Ich möchte, daß er niemanden braucht, um sich zurechtzufinden.«

Sie merkte nicht, daß die Tür aufgegangen war und die Mutter in der Tür stand.

»Was sprichst du da?« fragte sie. »Du bist noch nicht alt genug, um schon mit dir selbst zu reden.«

Brigitte fuhr herum. — »Ich hab' nur etwas gemurmelt«, erklärte sie schnell. Da entdeckte sie einen Schnellverband auf der Hand der Mutter, und das war ihre Rettung, das machte Ablenkung möglich, half vergessen. Sie stieß einen erstaunten Ruf aus, eilte auf die Mutter zu und fragte: »Was hast du dir gemacht? Ist es schlimm?«

»Nur ein kleiner Riß.«

»Wie ist es geschehen?«

»Oben«, sagte die Mutter und ging in die Küche zurück. »Oben. Ich war heute oben auf dem Speicher.«

Brigitte folgte ihr. »Du bist oben gewesen?« Sie begann sich zu freuen und wartete darauf, daß die Mutter von den Bildern und Malsachen sprechen würde. Und sie machte sich Vorwürfe. — War es nicht immer so, daß einem fremde Menschen näherstanden als die eigenen, die nächsten? Wenn sie sich je so um die Mutter gekümmert hätte wie um Jürgen und wenn Ursula ihr nachgeeifert hätte, wäre dann nicht vieles anders gewesen? — Und dann fragte sie: »Wo hast du deine Bilder?«

Die Mutter fuhr vom Herd herum. »Welche Bilder?«

»Du hast doch gesagt, du bist oben gewesen.«

»Ausgerechnet der Bilder wegen? — Ich habe umgepackt, Koffer leer gemacht. Wir brauchen sie bald.« — Die Mutter hob einen Deckel und guckte in den Topf. Dampf stieg auf, und sie goß rasch Wasser nach. »Fast wäre ich zu spät gekommen«, seufzte sie.

Also war es nichts. Brigitte schlich aus der Küche in das Zimmer zurück, hockte sich an ihren Tisch, saß eine Weile unentschlossen, ging dann hinaus auf den Balkon und sah den Kindern zu, die nach und nach von ihren Müttern ins Haus gerufen wurden.

Es war Mittagszeit. Ein paar Autos fuhren die Straße herunter. Männer, die zum Essen kamen, dann war es wieder still. Vater war nie zum Essen daheim, er aß im Betrieb, sie hatten dort englische Arbeitszeit, nur eine kurze Mittagspause, und dafür früher Dienstschluß.

Beim Mittagessen fragte Ursula plötzlich und ohne Vorbereitung: »Hat man eigentlich schon etwas von Jürgen gehört?«

Brigitte wurde rot und tat, als wäre sie mit dem Essen beschäftigt.

Die Mutter sagte: »Wenn wir etwas gehört hätten, würdest du es sicher erfahren haben.«

»Wann stellt sich denn nun heraus, ob er sieht oder nicht?«

»Weiß ich nicht«, antwortete Brigitte. Und sie wußte es tatsächlich nicht. Sie hatte vergessen, ihn zu fragen, sie hatte so vieles vergessen. Sie stellte sich vor, wie er in dem Zimmer lag, von seiner Mutter betreut, und wie er sich manchmal gegen diese Betreuung wehrte, genauso wie damals, als sie bei ihm war.

»Kümmerst du dich nicht ein bißchen wenig um ihn?« fragte Ursula zwischen zwei Löffeln Suppe.

Brigitte ärgerte sich über Ursulas Hartnäckigkeit, Fragen zu stellen, und darüber, daß Mutter bemerkt hatte, daß sie rot geworden war, sie wünschte, die Mahlzeit wäre beendet und sie könnte aus der Wohnung hinaus in den Hof. Nicht, um zu spielen, sondern nur, um nicht bei Ursula und der Mutter zu sein.

Jetzt entdeckte auch Ursula den Schnellverband auf Mutters Hand. »Was ist denn das?« fragte sie.

»Das siehst du doch.«

»Und wie hast du's gemacht?«

»Auf dem Speicher, ein Nagel stand aus einer Kiste, und ich hab' mich gekratzt.«

»Und was hast du auf dem Speicher gemacht?«

»Was soll ich gemacht haben? Ich hab' die Koffer heruntergeholt. Wir brauchen sie doch bald.«

»In zwei Wochen erst.«

»Die Zeit vergeht schnell genug.«

Ursula schickte einen geplagten Blick zur Decke und aß schweigend weiter.

Brigitte fühlte, daß sie nun etwas sagen müßte, irgendeine belanglose Unterhaltung mit der Mutter beginnen sollte, aber sie wußte nicht, womit anfangen. Es fiel ihr nichts ein. Schließlich erzählte sie Belanglosigkeiten von der Schule. Sie wußte, sie redete nur, damit einer redete, und sie hatte auch eine Ahnung, daß man ihr nur halb zuhörte, aber solange sie erzählte, welche Zeugnisse die anderen bekamen und wohin sie auf Urlaub fuhren, konnte nichts Schlimmeres gesagt werden, nichts Ärgeres eintreten, als daß sie eben erzählte.

Am Nachmittag ging sie dann doch nicht in den Hof, sondern saß auf dem Balkon und wartete, daß irgend etwas geschehen möge. Irgendein Ereignis, von dem sie selbst keine Ahnung hatte, sollte eintreten. Aber es geschah nichts, oder nur das Übliche. Einmal weinte jenes Kind auf, einmal das andere, und je nach dem Temperament der Mutter gab es dann eine Auseinandersetzung mit dem Kind, das am Weinen des anderen schuld war, oder mit der Mutter dieses Kindes. Sie fand es eigenartig, wie Eltern ihre Kinder anderen gegenüber in Schutz nahmen. Immer waren die anderen die Schlimmeren und die Unruhestifter, nie das eigene Kind.

Etwas später kam Großvater. Er war auf dem Weg in die Mustergartensiedlung, um sich dort mit einem Schachpartner zu treffen. Er setzte sich in Vaters Klappstuhl auf den Balkon und ließ sich ein Glas Mineralwasser geben. Auch er sprach nur über Nichtigkeiten mit der Mutter, und sosehr Brigitte darauf wartete, daß er etwas Wichtiges oder Persönliches sagen würde, er tat es nicht. Ein Bekannter war gestorben, und das Begräbnis war sehr schön gewesen, der Pfarrer hatte eine gute Rede am Grab gehalten, viele Kränze hatte es gegeben, und sogar ein bestimmter Mann sei erschienen, obwohl der sich zeitlebens nicht besonders mit dem Verschiedenen verstanden hatte.

Mutter hörte zu und war mit Näharbeit beschäftigt. Der Saum eines Sommerkleides für Ursula war auszulassen. Auch das war ein Gesprächsstoff. Sie sprachen darüber, wie schnell die Kinder wuchsen und wie schnell sie älter wurden, und daß man erst an ihnen merke, wie die Zeit vergehe.

»Ja, ja«, seufzte der Großvater. Und es war ihm anzusehen, daß er gerne irgendeinen Spaß getrieben hätte, vor seiner Tochter aber nicht den Mut dazu hatte.

»Und du, Prinzessin?« fragte er endlich. »Wie geht es dir?«

»Danke, gut«, sagte Brigitte wohlerzogen.

»Und deinem blinden Freund, was hört man von dem?«

»Es ist noch nicht heraus, ob er sehen wird«, sagte die Mutter, und so mußte Brigitte nicht antworten. »Man wird es erst wissen, wenn der Verband abgenommen ist.«

Wiederum sagte der Großvater »ja, ja«, und er wetzte unruhig auf dem Klappstuhl hin und her, bald würde er aufstehen, die Blumen in den Blumenkisten bewundern, die Taschenuhr aus der Westentasche holen, sagen, »was, schon so spät?« und sich verabschieden.

Etwa fünf Minuten später tat er, was Brigitte vorausgesehen hatte. Sie sprang auf und fragte: »Darf ich dich ein Stück begleiten?«

Sie durfte.

Kaum hatten sie das Haus verlassen, war Großvater ein anderer. »Nun«, fragte er, »wie geht es dir wirklich?«

»Mir geht es wirklich gut.«

»Dann ist's ja gut.« — Er holte seine Geldbörse aus der Hose, entnahm ihr ein paar Münzen und sagte: »Da, das ist für dich. Du mußt Ursula aber nicht sagen, daß ich dir etwas gegeben habe, die bekommt nämlich nichts. Die ist mir zu happig.«

Brigitte bedankte sich und behielt die Münzen in der Hand, da sie sie nirgends hineinstecken konnte.

»Und sonst, Prinzeßchen? — Ich denke, du siehst blaß aus.«

»Die Schule war ziemlich anstrengend zuletzt«, sagte sie, als wäre es die pure Wahrheit.

»Ja, ja.« — Der Großvater erinnerte sich: »Wir hatten einen Lehrer, der hat, wenn er sich schneuzte, das Taschentuch immer ganz groß auseinandergenommen, und er hatte große Taschentücher. Dann hat er mit seiner Nasenspitze den Schnittpunkt der beiden Diagonalen gesucht, wir hatten ihn nämlich in Geometrie, und dann hat er geschnaubt, daß die Fenster wackelten. Es hörte sich an, als würde eine mittelgroße Elefantenherde trompeten. — Da sind auch die

Schläfrigsten von uns wach geworden.« — Der Großvater lächelte. »Er hat uns immer als Kohlköpfe und Krautköpfe tituliert. Das Klassenzimmer war für ihn ein Krautkeller, verstehst du? — ›Geht ja nicht bei einem Krautkeller vorbei!‹ rief er immer. ›Der Mann dort holt euren Kohlkopf hinein.‹ — Und seine Taschentücher hatten immer furchtbar bunte Streifen, und sie waren riesig. Sein ganzes Gesicht verschwand dahinter, und es fiel ihm bis zu den Schultern hinunter. Ich habe das Gefühl, man hat sich damals mehr die Nase geputzt als heute. Man muß mehr Rotz gehabt haben, anders kann ich mir das nicht vorstellen. Und auch mehr gespuckt hat man damals. Ich weiß noch, wir hatten im Treppenhaus in der Schule Spucknäpfe stehen. Stell dir das vor!«

Brigitte schüttelte sich.

»Aber was ist nun wirklich mit dir, Prinzessin?« fragte der Großvater. »Da ist doch etwas, das spür ich doch. Gibt es wirklich keinen Nordpol mehr? Ist es aus damit?«

»Doch«, sagte sie, »es gibt ihn noch, warum nicht? Warum soll das aus sein?« — Und dann fand sie, daß sie jetzt zurück müsse. Mutti würde schimpfen.

Der Großvater hielt sie zurück, betrachtete sie eine ganze Weile und sagte endlich: »Ich weiß, was es ist. Du magst mich nicht mehr. Sei ruhig, laß mich aussprechen. Du magst mich nicht mehr, seit du gehört hast, ich hätte darauf gedrungen, daß deine Mutter ins Büro geht, daß sie eben nicht Malerin wird. Das ist es doch. Natürlich, ich weiß es, das ist es. — Aber ich möchte dir etwas sagen, nur ein Beispiel. Wenn ein Huhn ein Entchen ausgebrütet hat, und das Entchen geht ins Wasser, dann gackert das Huhn und ist aufgeregt und sagt dem Entchen, wie das Hühner so sagen, ›komm sofort heraus, ich kann nicht schwimmen, also kannst du es auch nicht, du wirst ertrinken‹. Aber das

Entchen kommt nicht, weil es weiß, daß es schwimmen kann. Das ist die ganze Geschichte. Die Aufgabe des Huhns ist es, aufgeregt zu sein und zu gackern, ›komm heraus!‹ Die Aufgabe des Entchens ist es, trotzdem zu schwimmen. Oder hast du schon je eine Ente erlebt, die wasserscheu ist?«

Brigitte wußte, daß sie kein kluges Gesicht machte. Sie wußte, daß sie dastand, den Mund machte, den Mutter einen dummen nannte, etwas offen, die Unterlippe vorhängend, und auch ihre Augen waren ein bißchen glotzig, wie immer, wenn sie etwas verarbeitete.

Großvater hatte ein Gleichnis erzählt. Das war ihr klar, aber wie war die Nutzanwendung? — Sie sah gedankenverloren zu, wie der Großvater sich entfernte, und zum erstenmal entdeckte sie, daß er etwas vorgebeugt ging, daß er die Schultern hängen ließ, ja, daß sein Anzug nicht mehr so saß wie noch im vorigen Jahr. Eigentlich war es rührend, wie Großvater so ging, auf dem Weg zwischen den Hecken, ohne sich umzusehen, nur hie und da in einen Mustergarten spähend. Immer kleiner wurde er, und er schien immer gebeugter zu gehen.

Sie konnte nicht mehr länger hinsehen, sondern drehte sich um und lief nach Hause. In ihrem Zimmer starrte sie zwei leere Seiten eines aufgeschlagenen Heftes an und überlegte, was der Großvater gemeint haben könnte. Hieß seine Geschichte etwa, ich wäre bereit gewesen nachzugeben, wenn sie sich darauf versteift hätte, unbedingt zu malen? Das hatte er wahrscheinlich sagen wollen. Oder so ähnlich zumindest.

Etwas später kam der Vater heim. Er setzte sich auf den Balkon hinaus und studierte einen Prospekt über Wechselobjektive für seine Kamera. Jeder in der Familie — außer Vater wahrscheinlich — wußte nun, wie es kommen würde.

Es war immer so. Immer, wenn er sich etwas wünschte, studierte er zuerst Prospekte, dann wurde er launisch und gereizt, ja sogar jähzornig. Manchmal tobte er auch. Und wenn dann Mutter sagte, »so kauf dir doch endlich das Teleobjektiv«, dann würde alles wieder in Butter sein. Vater würde eine Zeit nur mit dem neuen Objektiv fotografieren und erklären, warum nun die Aufnahmen viel besser seien als vorher.

Zur gewohnten Zeit versammelte sich die Familie wieder zum Abendessen auf dem Balkon, die Schlagerparade im Transistorempfänger mußte abgemurkst werden, und Ursula verdrehte zum hundertstenmal dabei die Augen, als wollte sie sagen: Ihr tut genauso, als ob diese Musik schädlich wäre.

Mutter hatte aus Thunfisch und Reis nebst einigen anderen Zutaten einen pikanten Salat gemacht.

Als sie schon einige Zeit gegessen hatten, entdeckte Vater den Schnellverband auf Mutters Hand. »Was ist denn das?« fragte er. »Warum gibst du nicht besser acht? — Ich sag' doch immer, du sollst besser achtgeben.«

Die Mutter schwieg und fragte nach einer Weile mit einer fast weinerlichen Stimme: »Wie schmeckt euch denn der Thunsalat?«

»Wunderbar«, sagte Brigitte schnell, um sie zu trösten, und auch Ursula murmelte etwas Beifälliges.

Nur Vater fragte: »Hattest du letztesmal nicht auch Ananaswürfel hineingegeben?«

»Weil ich welche übrig hatte.«

Ehe aber Vater etwas erwidern konnte, klingelte es an der Wohnungstür. Sie sahen zunächst einander verdutzt an. Wer konnte das sein? Sie hatten kaum jemanden, der sie besuchte, und Großvater kam nicht mehr um die Zeit. Freunde hatte der Vater nicht, den Eilboten von der Post hätten sie schon vorher wahrgenommen. Die Art, wie er bremste, war nicht zu überhören.

Brigitte erhob sich, aber Mutter drückte sie wieder auf den Platz und sagte: »Vielleicht ist es jemand vom Haus.«

Die drei sahen zur Tür, durch die die Mutter in die Diele verschwand, hörten etwas später einen Ausruf der Mutter, den sie nicht deuten konnten, erhoben sich, um der Mutter zu Hilfe zu kommen, da stürmte plötzlich eine fremde Frau in das Wohnzimmer, eilte auf sie zu, blieb in der Balkontüre stehen, und erst jetzt erkannte Brigitte, daß es Frau Martin, Jürgens Tante, war.

Frau Martin, die sich einen Augenblick an den Türstock geklammert hatte, breitete die Arme aus und rief fast ohne Atem mit sich überschlagender Stimme: »Ich muß es Ihnen sagen. Er sieht!«

Noch nie hatte Ursula das Gefühl gehabt, in ihrer Familie etwas Besonderes zu erleben. Was geschah, Tag für Tag, Woche für Woche, war meist nicht der Rede wert gewesen, zu alltäglich, um sich als Erinnerung zu kristallisieren, um den Schimmer eines Lichts zurückzulassen. Die Tage, ganz gleich, ob Wochentag oder Feiertag, waren Alltag, sie brachten keine Abwechslung, sie waren, wenn nichts Unvorhergesehenes eintrat, Wochen vorher vorauszusehen. Die meiste Zeit des Jahres gab es Unterricht, und am Sonntag — in der warmen Jahreszeit und sofern man nicht auf Urlaub war — den Steinbruch. Den Steinbruch, wenn es schön war. Und wenn es regnete, blieb man daheim, faulenzte etwas länger im Bett, frühstückte dann ausgiebig und vertrödelte die Zeit.

Noch nie hatte Ursula das Gefühl gehabt, ihre Eltern seien besondere Menschen, Menschen, die über den Durchschnitt hinausragten. Mama und Vater waren nicht viel anders als andere Mütter und Väter auch. Nur wenn sie von besonders jähzornigen oder trunksüchtigen Eltern hörte, dachte sie, ohne Dank allerdings, Gott sei Dank, die meinen sind nicht so. Und hörte sie von besseren Eltern, von Vätern, die etwas zu sagen hatten, von Müttern, die über dem Durchschnitt standen, dann glaubte sie so etwas wie einen Rechtsanspruch darauf zu haben, auch solche Eltern verlangen zu können.

Manchmal, seltsamerweise immer an Wintertagen, war sie sogar glücklich gewesen mit dem, was man den Schoß der Familie nannte. Wenn man Schneeluft heimbrachte, prikkelnde Wangen, und wenn sich jeder auf den Kaffee freute, den Mutter selbst mit Freude in der Küche zubereitete. Aber das waren zu wenige Tage im Jahr, und zuwenig Jahre gewesen, in denen es so war, als daß sie ein dauerndes Glück hätten schaffen können.

Für sie war die Familie eine Pflicht wie die Schule etwa, die besucht werden mußte und vor der man nicht auskam. Ganz gleich, ob man sie gerne besuchte oder nicht.

Lediglich Brigitte bildete eine Ausnahme. Brigitte, die fast fünf Jahre jünger war. Immer war sie ihr als hilfs- und schutzbedürftig erschienen, im Winter vor Jahren, beim Schlittenfahren, wenn sie weinte, weil ihre Hände blaugefroren waren, in den Ferien, als sie Vater auf eine Gewalttour mitgenommen hatte und sie kaum mehr gehen konnte, weil sie Blasen an den Füßen hatte. Sie erinnerte sich noch, wie sie den Vater einmal angeschrien hatte, als er Brigittes Finger in die Tür geklemmt und es nicht einmal bemerkt hatte, und wie sie wütend geworden war, als Mutter Brigitte zwang, ein Kleid zu tragen, von dem sie einen Hautausschlag bekam. Allergie nannte man das.

Als Jungen Brigitte mit Schneebällen bewarfen, hatte sie,

Ursula, sich einen geangelt und ihn so geohrfeigt, daß er Blut spuckte, und als Klassenkameradinnen Brigittes eine ihrer Strickjacken auf den frisch geteerten Gehsteig warfen, hatte sie ein Mädchen gepackt und ein Büschel Haare von ihm in der Hand behalten.

Aber das alles waren Kleinigkeiten gewesen, nicht das, was man Erlebnisse nannte, es paßte zu der unbedeutenden Stellung, die der Vater hatte, und zu dem unbedeutenden Viertel, in dem sie wohnten.

Lediglich als Frau Martin in das Zimmer stürzte, eine fremde Frau, von der sie nicht wußte, kommt sie jetzt, um Krach zu schlagen, hat sie vielleicht an der Tür schon die Mutter umgebracht; als diese Frau an der Balkontür stehenblieb, erregt und erschöpft, fast ohne Atem, und mit einem letzten Rest von Stimme rief: »Ich muß es Ihnen sagen. Er sieht!« — Da war ihr die Gänsehaut den Rücken hinauf- und hinuntergefahren, Hitze war aus dem Herzen heraus über Brust und Hals in den Kopf geschossen, sie hatte gebebt.

Und sie wußte jetzt, da sie ihre Schwester von der Seite her beobachtete, daß dies eines der wenigen Erlebnisse ihrer Jugend war, das sie nicht vergessen würde.

Brigitte, die kleine zarte Brigitte, ihre Brigitte, Brigitte mit der dünnen Haut, saß auf dem Fensterbrett und wartete auf Jürgen. Und Ursula ließ sie nicht aus den Augen, denn sie wollte dabeisein, sie wollte die Schwester nicht allein lassen, wie damals nicht, mit den eiskalten Händen, mit den Blasen an den Füßen, mit der Jacke im Teer.

Ursula lag auf ihrem Bett und dachte an all das, betrachtete zwischendurch ihre Zehen, versuchte sich zu erinnern, wie sie als kleines Kind diese Zehen angeguckt haben mochte, und stellte Betrachtungen darüber an, daß diese Zehen sich immer mehr von ihren Augen entfernt hatten, daß die Entfernung von Aug' zu Zehe immer größer geworden war und vielleicht noch weiter zunehmen sollte.

»Maus«, sagte sie warm, »du wirst dir auf dem Fensterbrett ganze Linien in den Po sitzen.«

Brigitte schüttelte den Kopf, sagte etwas, daß das schmale Brett breit genug sei, und ließ den Hof nicht aus den Augen.

Sie überlegt, ob sie ihm entgegengehen soll, dachte Ursula. Aber sie wird ihm nicht entgegengehen, weil sie hier in ihrem Heim erster Ordnung ist und sich hier sicherer fühlt. Sie empfindet die Wohnung als eine Art Schutz, Brigitte ist immer noch ein Kind.

Und sie wußte erst recht, daß ihre Schwester noch ein Kind war, als sie auf den Boden sprang und rief: »Er ist da.«

Langsam erhob sich Ursula, schlüpfte in die Sandalen und stellte sich neben Brigitte ans Fenster.

Tatsächlich, unten war Jürgen angekommen, noch immer eine Brille vor den Augen, sie hatte nur nicht mehr so dunkle Gläser wie vorher. Er sah sich um, drehte sich, setzte sich auf seine Bank, schlug die Beine übereinander und legte die Arme weit von sich gestreckt auf die Rückenlehne der Bank.

Einige Kinder hielten im Spielen ein, gafften zu ihm hinüber, eines lief sogar hin und reichte ihm die Hand.

»Komm, Maus«, sagte Ursula, »geh hinunter zu ihm, er ist sicher neugierig, dich zu sehen.«

Brigitte hatte plötzlich Angst. Sie schüttelte den Kopf und klammerte sich an das Fensterbrett. Als Jürgen nicht sah, hatte er jünger gewirkt, weil er unsicher war, aber jetzt, jetzt hatte er sich auch zeitlich von ihr entfernt, der Altersunterschied zwischen ihm und ihr war größer geworden. Und außerdem fürchtete sie sich davor, von ihm angesehen zu werden.

Frauen traten nach und nach aus den Häusern und stellten sich um Jürgen auf, einige mit Babies auf dem Arm oder in der Küchenschürze, so fein war man nicht in dieser Gegend.

»Geh hinunter«, sagte Ursula, »einmal mußt du doch, und je länger du wartest, um so dümmer sieht es aus.«

Brigitte schüttelte sich.

Da kam die Mutter in das Zimmer mit roten Flecken auf den Wangen. — »Habt ihr ihn schon gesehen?« fragte sie. »Wir sollten ihn doch ein bißchen zu uns heraufholen, schließlich haben wir uns, hat sich Brigitte, am meisten um ihn gekümmert.«

»Du hast ihn einmal rausgeschmissen«, sagte Ursula eisig, der Wahrheit zur Ehre.

Mutter verteidigte sich. »Von rausgeschmissen kann gar keine Rede sein. Ich hab' ihn gebeten zu gehen, weil Brigitte damals erhöhte Temperatur hatte und weil ich nicht wollte, daß er sich bei uns vielleicht eine Krankheit holt.«

»Dann hol ihn doch jetzt herauf«, sagte Ursula grausam.

»Das kann doch Brigitte.«

»Es ist besser, wenn du ihn einlädst. Ihr seid doch sonst so auf unsren Ruf bedacht.«

»Ja, ich weiß nicht«, die Mutter schien zu überlegen, band sich die Schürze ab, »Brigitte, meinst du, soll ich?«

»Natürlich sollst du«, antwortete Ursula.

Die beiden Mädchen sahen zu, wie die Mutter aus dem Haus trat, sich noch das Haar mit ein paar Griffen richtete, auf den von Frauen umringten Jürgen zuging, ihm die Hand reichte und mit ihm sprach. Jürgen, der sich zur Begrüßung erhoben hatte, setzte sich nicht mehr, sondern verneigte sich sofort zu den anderen Frauen hin und folgte der Mutter ins Haus.

Brigitte war bleich geworden.

»Komm, Maus«, sagte Ursula und zog sie ins Wohnzimmer hinüber. Dort kamen sie gerade noch zurecht, um
sich an den niederen Tisch setzen zu können, dann ging die
Tür auf, Jürgen trat ein, ging auf Ursula zu und sagte:
»Hallo, Brigitte!«

»Irrtum«, sagte Ursula kühl und deutete auf ihre Schwester,
»das ist Brigitte.«

Jürgen schien es zunächst nicht glauben zu wollen, dann
sagte er: »Ach, du bist das?« — Das war alles. Er sagte
nicht mehr, er war so verwundert, daß er den Mund offen-
hielt und fast vergaß, Brigitte die Hand zu reichen.

Brigitte stand vor ihm, wurde abwechselnd rot und weiß,
und sie wußte genau, was er in diesem Augenblick dachte.
Um Gottes willen, dachte er, sie ist doch noch ein Kind! —
Und genau in diesem Augenblick, in dem Jürgen, ihr Jürgen, der Jürgen, der einst blind gewesen war und nun wieder sah, dies dachte, genau in diesem Augenblick spürte
Brigitte, daß sie kein Kind mehr war. Sie begann sich unter
seinem Blick zu schämen, sie fühlte sich schutzlos und preis-
gegeben. Wie sicher hatte sie sich neben dem blinden Jürgen gefühlt, wie geborgen! Und wie unsicher war sie nun,
als stünde sie auf einem Seil. Sie kam sich wie nackt vor,
so, als hätte man einen Vorhang weggezogen und sie beim
Auskleiden überrascht. Sie wußte, daß sie sich nicht abwenden oder gar davonlaufen konnte. Wenn sie ein Kind
gewesen wäre, hätte sie das noch tun können, keiner hätte
es ihr verübelt, aber das war es eben, sie war kein Kind
mehr. Sie spürte plötzlich, daß der Boden unter ihr hart
war, so hart wie nie, und daß sie nicht imstande war zu
schweben. Vor ihr stand ein fremder junger Mann, der sie
halb belustigt musterte und sich dachte, um Gottes willen,
mit so einem kleinen Mädchen bin ich spazierengegangen.

Der sich vielleicht sogar dachte, ein Glück, daß ich es nicht gewußt habe.

»Wollen Sie sich nicht setzen, Jürgen?« fragte Mutter, ein wenig hilflos, und Ursula fand sie rührend in all ihrer Ahnungslosigkeit.

»Sie trinken doch Kaffee mit uns, nicht wahr?« — Die Mutter schob ein Bild an der Wand zurecht und tat auch sonst Unnötiges. — »Wir haben auch einige Kuchen.« Und dann zu Brigitte: »So sag doch etwas, Brigitte. Du hast ihn noch nicht einmal begrüßt. Mach doch den Mund auf, Kind. Du kennst ihn doch. Es ist Jürgen. Ihr seid doch miteinander spazierengegangen.«

»Wie geht's?« fragte Brigitte fast heiser, und sie war stolz darauf, daß ihr eine Formel eingefallen war, die das Du oder Sie vermied.

»Du siehst ja«, sagte Jürgen, »ich kann dich sehen, vielleicht, daß an dem einen Auge noch etwas getan werden muß, aber der Professor will zunächst abwarten.«

»So«, sagte Brigitte.

Jürgen lachte. Er sah nicht besonders geistreich aus, wie er nun so dasaß.

Wie schön ist er gewesen, als er blind war, dachte Brigitte, seine Stirn ist ganz anders geworden. »Und wie ist es, wenn man wieder sieht?« wollte sie schließlich wissen.

»Mein Gott«, er schlug die Beine übereinander. »Das mußt du am besten wissen, du hast die ganze Zeit gesehen.«

»Ja, aber wenn man wieder sieht, das muß doch, ich meine, das Neue, das Geschenk . . .«

»Natürlich«, sagte er, »die erste Nacht macht man fast kein Auge zu und nimmt sich vor, nicht zu schlafen, um es nachzuholen, und wenn man doch eingeschlafen ist und aufwacht, hat man noch ein bißchen Angst, aber dann . . .«

»Natürlich«, sagte Brigitte, und sie lief hinaus in die Küche, um Mutter zu helfen, und sie kehrte mit der Mutter zurück und hörte die Mutter und Jürgen und Ursula sprechen, und dann erhob sie sich und reichte die Hand, weil irgend jemand ging, wahrscheinlich war es Jürgen. Aber er hieß nur mehr so, er war nicht mehr der gleiche.

»Könnten wir nicht einmal ins Kino gehen?« fragte er in der Tür, und fügte seiner Frage vorsichtshalber »Ursula« hinzu.

»Nein«, sagte Ursula, »ich mag nicht ins Kino.«

Da hob er verlegen die Hand, winkte ein wenig, nickte und verließ sie.

Ursula blieb nichts übrig, als die Tür zuzuziehen, das Schloß einschnappen zu lassen und ihre kleine Schwester anzusehen, Brigitte, die sich abgewandt hatte, unentschlossen dastand, schmal und ein wenig fröstelnd. — Und Ursula wußte alles, was in diesem zarten Ding vor sich ging, wußte es, als erlebte sie es selbst. Alles wußte sie. Brigitte mußte es nicht sagen, und sicherlich wollte sie auch nichts sagen. Es tat mehr weh als kalte Hände oder Blasen an den Füßen, und man konnte niemandem ein Büschel Haare ausreißen, weil er irgend etwas beschmutzt oder zerstört hatte. An Brigitte war nichts zu sehen, nichts Greifbares, nichts, das erkennbar gewesen wäre. Keine Reinigungsanstalt, und war sie auch noch so chemisch, konnte da etwas ausrichten, keine Reparaturwerkstätte etwas zusammenflicken.

»Maus«, hörte sie sich da sprechen, und sie erschrak über ihre spröde Stimme. »Maus, mach dir nichts draus, ich kenne das.«

Brigitte schüttelte nur den Kopf und schwieg. Langsam ging sie auf die Tür ihres gemeinsamen Zimmers zu, als wäre der Boden neu und ganz ungewohnt für ihre Füße.

Ursula hatte das Gefühl, eine entscheidende Szene zu erleben, und sie fand, daß es gut wäre, etwas Pathetisches

zu sagen. Etwa: »Erwarte kein Gefühl von den Sehenden.« — Es hätte gut gepaßt. Und sie zeichnete die Situation
nach, als wäre sie nicht Gegenwart, sondern schon Vergangenheit, als müsse sie sich für später einprägen. — Da
war ihre kleine Schwester, verwundbar und schmal wie
eine Mondsichel, auf ihr Zimmer zugehend, links, in der
Küchentür, tauchte nun die Mutter auf, fragte sie, Ursula,
stumm, was denn geschehen sei. Es war unmöglich, der
Mutter dies stumm klarzumachen. — Ein Schatten schob sich
über die Szene, als trete die Erde zwischen Sonne und Mond,
und noch ehe Ursula ein Wort sagen, eine Anspielung
machen, noch ehe die Mutter fragen konnte »Was ist denn
los?«, drehte sich Brigitte plötzlich entschlossen und mit Anstrengung lächelnd um und fragte: »Was ist, gehen wir
hinauf auf den Speicher? Die Malsachen suchen?«
Ursula duldete nicht, daß die Mutter zögerte. »Natürlich
geht Mutter jetzt mit dir hinauf, Spatz.«
Da begann die Mutter zu begreifen, noch ehe sie einen
Einwand vorbringen konnte, und so sagte sie: »Ich wollte
dich gerade fragen, ob du auf diese Reise in die Vergangenheit mitkommst.«
»Natürlich«, sagte Brigitte, als wäre nichts geschehen, »ich
komme.«

ENDE

# „Lieber Hanno"

Ilse Bintig
**Lieber Hanno**
144 Seiten
ISBN 3-451-20758-0

„Lieber Hanno", so beginnen die Briefe, die die
18jährige Barbara ihrem Freund, dem Jagdflieger
Hanno, schrieb, mitten im Zweiten Weltkrieg.
Heute liest Barbaras Nichte, Beate, in ihrem
Weltschmerz, ihrer Wut und Enttäuschung, am
vermeintlichen Ende ihrer ersten großen Liebe, diese
Briefe.
Beate lernt, ihre Probleme mit den Eltern und mit
ihrem Freund neu einzuschätzen.
Ein Buch, das zum Nachdenken anregt, das
menschlich und literarisch überzeugt.

*In jeder Buchhandlung erhältlich*

HERDER

*Isolde Heyne*
*Jugendliteratur-*
*preisträgerin*
*1985*

Isolde Heyne
**Ankunft im Alltag**
160 Seiten
ISBN 3-451-20483-5

Die 15jährige Grit siedelt mit ihrer Familie aus der
DDR in die Bundesrepublik über.
Durch die völlig überraschende Ausreisegenehmigung
werden sie gänzlich unvorbereitet in den Alltag der
Bundesrepublik entlassen.
Wie Grit und ihre Familie diese Umstellung verkraften,
welche neuen Möglichkeiten sich im Westen ergeben
und wie teilweise Illusionen zerplatzen, wird in
„Ankunft im Alltag" dargestellt.
Ein Buch, das die vielen kleinen und großen Probleme
schildert und dennoch Mut macht.

*In jeder Buchhandlung erhältlich*

HERDER